# 剑术

## 全民健身项目指导用书

陈芳◎主编

U0783124

吉林出版集团股份有限公司　全国百佳图书出版单位

**图书在版编目（CIP）数据**

剑术 / 陈芳主编. -- 2版. -- 长春：吉林出版集团股份有限公司, 2010.2（2024.8 重印）
全民健身项目指导用书
ISBN 978-7-5463-2351-0

Ⅰ. ①剑… Ⅱ. ①陈… Ⅲ. ①剑术（武术）–基本知识–中国 Ⅳ. ①G852.24

中国版本图书馆 CIP 数据核字(2010)第 028356 号

全民健身项目指导用书

# 剑 术
JIANSHU

| | |
|---|---|
| 主　　编 | 陈　芳 |
| 责任编辑 | 李柏萱 |
| 封面设计 | 吕宜昌 |
| 开　　本 | 650mm×960mm　1/16 |
| 印　　张 | 7.5 |
| 字　　数 | 30 千 |
| 版　　次 | 2010 年 2 月第 2 版 |
| 印　　次 | 2024 年 8 月第 4 次印刷 |
| 出版发行 | 吉林出版集团股份有限公司 |
| 地　　址 | 吉林省长春市福祉大路 5788 号 |
| 邮　　编 | 130000 |
| 电　　话 | 0431-81629968 |
| 电子邮箱 | 11915286@qq.com |
| 印　　刷 | 三河市金兆印刷装订有限公司 |
| 书　　号 | ISBN 978-7-5463-2351-0　定　价　39.80 元 |

## 序　言

　　自 1995 年我国政府推出《全民健身计划纲要》以来，我国群众性体育活动蓬勃发展，取得了显著的成绩。2008 年，举世瞩目的北京奥运会的成功举办，极大地激发了亿万人民群众的体育热情，增强了全社会的体育意识，营造了浓厚的全民健身氛围。面对这样的可喜局面，群众体育科研、教学工作者应义不容辞地为社会实践服务，从不同角度思考，如何使普通百姓通过简而易行的身体锻炼方式、方法和手段达到良好的健身效果，达到拥有健康的目标，从而享受生活、享受快乐人生。该书系就是在这样的思想指导下诞生的。

　　本书系能够顺应国家体育的大政方针，掌握时代脉搏，对指导大众健身，使大众掌握健身方法和手段有很好的促进作用。

　　本书系图文并茂，实用性强，分为球类运动、体操健身运动、传统武术、冰雪运动、水上运动、体育舞蹈、休闲运动、格斗运动、民间体育活动和极限运动等十大类项目，计 100 分册，按照统一的体例，力争有所创新。每册的具体内容为该项目的起源与发展、运动保健、基本

技术、运动技巧、比赛规则等，使读者在学习过程中，不仅能够学会运动健身的方法，同时还能够学到保健方面的基本知识。

经国务院批准，自 2009 年起，将每年的 8 月 8 日定为"全民健身日"。《全民健身项目指导用书》的出版，必将为开展全民健身活动起到积极的推动和指导作用。

## 目录 CONTENTS

# 目录 CONTENTS

# 第一章　概述

　　剑是我国很古老的一种兵器，被誉为"百兵之君"。使用剑的技术称为剑术，它无论是在技术方面还是在理论方面，都发展得很完备，许多典籍中都曾论及。

## 第一节

### 起源与发展

剑在我国有着悠久的历史,剑术的历史同剑是分不开的,有了剑的出现,才有了剑术的产生。

概述

**起源** ◆◆◆◆◆◆

剑的历史非常久远。剑,又称宝剑,是武术器械中的短器械,也是我国最古老的兵器之一,它和刀、枪、棍一起,至今仍被称作当代武术中的四大名器。据《史记·皇帝本纪》记载:"帝采首山之铜铸剑,以天文古字题铭其上。"

虽说剑和剑术是两个概念,但是人们发明剑就是为了充分利用剑的功能,所以说剑术的起源和剑的出现是分不开的。

我国的剑术,在春秋后期开始出现,史籍中也开始出现关于剑术家的记载。《吴越春秋》卷九和《庄子·说剑篇》都记述了古代击剑的技术和战术。《汉书·艺文志》载有《剑道》三十八篇,是论述汉代以前击剑技术的专著。

魏晋南北朝时期是一个混乱杀伐的时代,在这个特定的时代里,剑术及其理论得到了最大的发展,为了满足当时攻防杀戮的需要,练剑习艺在当时有着最广泛、最普遍的基础。剑术在不断的训练过程中出现了程序化的趋势,这便是剑术套路的雏形。

**发展** ◆◆◆◆◆◆

现代剑术发展到今天并不是非常顺利的,从剑术的萌芽到今天的发展状况表明,剑术运动经历了时间的考验。

 传播

1949 年以后，武术作为民族传统体育项目，在挖掘和整理、继承的基础上，得到空前的发展，出现了大范围群众性练武高潮。剑术更是被列为全国武术比赛项目，增加了各种剑法、平衡、翻腾、造型等动作，使剑术有了更大发展，备受人们的喜爱。

现代剑术以套路为主要形式，其特点是轻盈敏捷，优美潇洒，气势流畅，灵活多变，刚柔相兼，吞吐自如。武术谚语素有"刀如猛虎，剑如飞凤"和"剑定美式"的说法。剑术以鲜明的技击特点，良好的健身作用和强烈的艺术感染力，吸引着越来越多的爱好者。

现代剑术内容十分丰富，常见的有青萍剑、昆吾剑、太极剑、龙形剑、八仙剑、八卦剑、三才剑、三合剑、武当剑和醉剑等。为适应武术教学和训练的需要，有关部门还制定了剑术套路的表演规则和竞赛内容要求，使剑术推陈出新，古为今用，向健康的方向发展。

 发展趋势

为更广泛地开展群众性体育活动，增强人民体质，推动我国社会主义现代化建设事业发展，1995 年 6 月，国务院提出了《全民健身计划纲要》，号召全社会广泛开展全民健身运动。目前，全民健身运动在全国范围内蓬勃发展。全民健身运动的开展，有利于提高人们的生活质量，丰富业余文化生活，促进社会进步，有利于加强社会主义精神文明和物质文明建设，提高我国的综合国力，振奋民族精神。

我国的剑术内容丰富，形式多样，风格独特，运动简便，老少皆宜，具有广泛的群众基础。长期习练可以提高身体的协调性、灵敏性和柔韧性，有助于身体各部位的均衡发展，改善神经系统机能，对心血管系统有良好的作用。因此，随着全民体育运动的蓬勃发展，剑术以它特有的魅力，广泛流传于城乡各个角落，深深扎根于广大人民群众之中，成了人们最喜爱的全民健身运动之一。

## 第二节

### 场地、器材和装备

剑术是武术套路中的一种，具有深厚的中国武术文化内涵。在正规武术套路比赛时，对场地、器材和装备都有一定的要求。

正规剑术比赛或表演一般都在比较柔软的地毯上进行，同时分为单练、对练和集体项目场地。

1. 单练和对练项目场地

(1)场地呈长方形，长14米，宽8米；

(2)场地四周内沿应标明5厘米宽的边线，其周围至少有2米宽的安全区；

(3)在场地的两长边中间各有一条长30厘米、宽5厘米的中线标记。

2. 集体项目的场地

(1)场地呈长方形，长16米，宽14米；

(2)场地四周内沿应标明5厘米宽的边线，其周围至少有1米宽的安全区。

1. 地面

剑术表演及竞赛的场地大都是在地面上铺设红地毯，一是为了避免运动员做动作时受伤，另一方面是继承了中国武术的表演氛围，使人感受到剑术浓厚的中华文化底蕴。

2. 器材架

器材架是放置兵器的支架，可以使表演者更加方便地进行表演或练习。

 要求

（1）从地面量起，赛场上空至少应有 8 米的无障碍空间，如设两个以上比赛场地，两场地之间距离应在 6 米以上；

（2）器材架要放在合适的地方，不能给运动员比赛、练习或表演带来不便。

 器材

中国古代的剑依长短不同，分为巨剑、长剑、短剑和小剑，而今天的剑，主要是长剑，超短型袖珍式短剑只存在于个别边疆少数民族地区，主要用于防身。

 规格

（1）剑的长度一般为反手垂臂持剑，剑尖在人耳的上沿以上；

（2）重量在 0.5～1 千克；

（3）竞赛规定用剑，成年男子剑重量不得轻于 0.6 千克，成年女子剑不得轻于 0.5 千克。

 构造

1. 剑身

（1）剑身由剑尖、剑刃、剑脊和剑面组成；

（2）剑尖为剑身最前端的尖锐部分，剑刃为剑身两侧锋利部分，剑脊为

剑身长轴隆起部分，剑面为剑脊两侧的平面。

2．剑把

（1）剑把由剑首、剑柄和护手组成，并配置剑穗和剑鞘；

（2）剑首为剑柄后端的突出部分，剑柄为剑把上的把柄，护手又称剑格，为剑柄与剑身间相隔的突出部分；

（3）剑穗又称剑袍，为系在剑首的穗子，剑鞘为用来盛装宝剑的囊鞘。

剑术的装备是指运动员在进行剑术套路表演时身上的衣着及鞋等，武术的衣着不同于其他体育项目的服装，讲究的是一种武术内涵。

1．款式

（1）女子服装为中式半开门小褂（长袖或短袖自定），5 对中式直袢；男子服装为中式对襟小褂（长袖或短袖自定），7 对中式直袢；

（2）灯笼袖，袖口处加两对中式直袢；

（3）扎软腰巾，西式裤腰，中式裤脚，横直裆要适宜。

2．材质

（1）服装的面料可自由选择，舒适即可；

（2）如果剑法沉着，步法稳健，选用平绒面料效果比较好；

（3）如果剑法潇洒、犹如飞凤，应选择双绸或绸缎的面料为好。

3．要求

（1）比赛时，运动员必须穿规定的比赛服装；

（2）上场比赛时，不许佩戴手表、耳环、项链和手镯等饰品；

（3）比赛服装上的广告标志或队标只允许印在左袖外侧一处，大小不得超过 8 厘米×5 厘米。

 **鞋**

　　比赛和表演中常见的是以羊皮或帆布制面、软胶制底的武术表演专用鞋，这种鞋既舒服又美观。

和装备
场地、器材

# 第二章 运动保健

体育运动对增强体质、预防疾病和促进健康具有良好的作用。但是,并非所有人从事相同的运动都会达到同样的效果。对于同一种运动负荷,不同人机体的反应差异是很大的,即使同一个体,在不同时期、不同机能状态下,对同一负荷的反应及效果也是不一样的。因此,对于不同个体,应制定适合其机能需要的运动强度、时间、频率和持续周期。从事体育锻炼一定要讲究科学性,使机体最大限度地获得运动价值,使某些疾病得到有效的防治。

## 第一节

# 自我身体评价

自我身体评价是指根据个体的不同情况以及简单的功能评定标准，对锻炼者进行身体评价，并以此为依据，确定具体的锻炼内容。

 适宜人群

体适能是全身适应性的一部分，是人体精神和体力对现代生活的适应能力。为了促进健康，预防疾病，提高生活质量和工作学习效率，几乎所有人都可以追求健康的体适能，而且经过简单的评价和测试，均可以成为目标人群，即适宜人群。

 健康体适能评价标准

健康体适能是指身体有足够的活力和精力处理日常事务，而不会感到过度疲劳，并且还有足够的精力去享受休闲活动和应对突发事件。

健康体适能是确定锻炼者是否为运动适宜人群的主要依据。目前的评价标准主要包括国民体质测定标准、学生体质测定标准和普通人群体育锻炼标准等。

国民体质测定标准主要包括形态指标、机能指标和素质指标 3 个部分，各项指标的测定结果均为 1～5 分，共 5 个级别。凡各项指标达不到 4 分或 5 分者，均应被纳入健身人群。

学生体质测定标准分为优秀、良好、及格和不及格 4 个级别。优秀水平以下者，均应被纳入健身人群。

普通人群体育锻炼标准分为 5 个级别，凡达不到 4 分或 5 分者，均应被纳入健身人群。

**简易运动功能评定**

简易运动功能评定的目的在于确定运动对象有无运动禁忌症或临时运动禁忌的情况，即是否适合参加体育锻炼，以达到防备万一，避免意外事故发生的目的。目前通行的方式是3分钟踏台阶测试。

**目的**

测试锻炼者运动后心率恢复的情况，以评估其心肺功能。

**器材** 见图2-1-1

30厘米高的长凳、节拍器、秒表和时钟。

**步骤** 见表2-1-1

图2-1-1

(1)节拍器设定为每分钟96次，锻炼者依"上上下下"的节拍运动3分钟。

(2)锻炼者完成3分钟踏台阶后，5秒钟内开始测量其脉搏，时间为1分钟，记录其心率，并依据下表评价其功能水平。

(3)运动后心率越低，证明其心肺功能越好。在运动强度允许的范围内，锻炼者可选择运动强度的较高值来进行运动。

表 2-1-1　　3分钟台阶测试评价表

| | 年龄(岁) | 欠佳(次) | 尚可(次) | 一般(次) | 良好(次) | 优异(次) |
|---|---|---|---|---|---|---|
| **男士** | 18~25 | >115 | 105~114 | 98~104 | 89~97 | <88 |
| | 26~35 | >117 | 107~116 | 98~106 | 89~97 | <88 |
| | 36~45 | >119 | 112~118 | 103~111 | 95~102 | <94 |
| | 46~55 | >122 | 116~121 | 104~115 | 97~103 | <96 |
| | 56~65 | >119 | 112~118 | 102~111 | 98~101 | <97 |
| | 65+ | >120 | 114~119 | 103~113 | 96~102 | <95 |
| **女士** | 18~25 | >125 | 117~124 | 107~116 | 98~106 | <97 |
| | 26~35 | >128 | 119~127 | 111~118 | 98~110 | <97 |
| | 36~45 | >128 | 118~127 | 110~117 | 102~109 | <101 |
| | 46~55 | >127 | 121~126 | 114~120 | 103~113 | <102 |
| | 56~65 | >128 | 118~127 | 112~117 | 104~111 | <103 |
| | 65+ | >128 | 122~127 | 115~121 | 101~114 | <100 |

**注意事项**

如受试者经过努力仍无法完成测试，或出现头晕、胸闷、出冷汗等症状，应终止测试。运动中应特别考虑运动强度，以防出现意外。

锻炼目标应根据个体不同的身体状况来确定，可分为近期目标和远期目标。此外，确定锻炼目标还应结合锻炼者的运动意向、愿望和兴趣以及本人的健康状况、疾病程度等因素。

### 近期目标

近期目标是指锻炼者近期应达到的目标。在进行运动之前，应首先明确锻炼目标，即近期目标。选择一两个健康体适能构成要素，作为未来两个月内努力完成的目标，而且应从成功概率较高的构成要素开始，并将预期两个月后要达到的目标做上记号，如提高某个或某些关节的活动幅度，增强某个肌肉群的力量等。

### 远期目标

远期目标是指锻炼者最终要达到的目标。实践证明，经过科学合理的锻炼后，锻炼者是可以达到一般的远期目标的，如提高心肺功能，使其达到优秀的等级，或达到降血脂、防治高血压和冠心病的目的等。

运动负荷即运动量。怎样控制运动量，合适的运动时间是多少等，一直是人们争论不休的问题。但有一点是可以肯定的，那就是任何有关身体活动的意见和建议，都需要综合考虑锻炼者的身体状况和所要达到的目标，并以此为依据来制订科学的身体锻炼计划。

## 运动强度

运动过程中，运动强度过小，达不到锻炼的效果；运动强度过大，不仅达不到最佳的锻炼效果，还可能产生一些副作用，甚至出现意外事故。确定运动强度有两种方法。

### 心率简易推测法

（1）年龄在 20 岁左右的年轻人，身体健康，能坚持体育锻炼，欲进一步提高身体机能，可取最大心率值（最大心率值＝220－年龄）的 65％～85％。

（2）年龄在 45 岁以下，身体基本健康，有运动习惯者，开始进行健身锻炼，可取最大心率值的 65％～80％，没有运动习惯者，开始进行健身锻炼，可取最大心率值的 60％～75％。

（3）年龄在 45 岁以上，身体基本健康，有运动习惯者，开始进行健身锻炼，可取最大心率值的 60％～75％，没有运动习惯者，建议根据自身情况咨询专业人员来指导和确定运动强度。

### 主观感觉疲劳分级表推测法  见表 2-1-2

运动的疲劳程度大致分为 10 级，具体为：0～1 级，没感觉；2～3 级，尚轻松；4～5 级，稍累；6～7 级，累；8～9 级，很累；10 级，精疲力竭。因此，健身锻炼的运动强度应控制在主观感觉疲劳程度的 4～7 级。

表 2-1-2  主观感觉疲劳分级表

| 0 轻松 | • | 2 尚轻松 | • | 4 稍累 | • | 6 累 | • | 8 很累 | • | 10 精疲力竭 |
|---|---|---|---|---|---|---|---|---|---|---|

 **运动频率**

运动频率是指每日及每周锻炼的次数。一般每周锻炼 3～4 次，即隔日锻炼 1 次即可。有充足的休息时间，可使身体得到充分的休息，收到更好的锻炼效果。

 **运动持续时间**

运动强度和运动持续时间，决定了一次锻炼的运动量和热量消耗。运动持续时间与运动强度成反比，运动强度大，运动持续时间可相应缩短，运动强度小，则运动持续时间应相应延长。

一般的健身锻炼，运动持续时间以每天 20～60 分钟为宜，其中包括准备活动时间、健身锻炼时间和整理活动时间。每次健身锻炼应在 20 分钟以上，锻炼可一次性完成，也可分段进行，但每段的活动时间应在 10 分钟以上。

## 第二节

## 运动价值

运动价值一直是人们探讨的问题，一般认为运动具有两方面的价值，即健身价值和心理价值。身体和精神的健康是相互依存的，伴随着身体功能的改善，精神状况逐渐也能同时得到改善。

 **健身价值** ◆◆◆◆◆◆◆◆

健身价值在于提高体适能。体适能包括心肺耐力素质、肌肉力量素质、柔韧性素质和身体成分等。体适能的发展是积极从事锻炼的结果，只有规律性的体育锻炼才能达到最佳的体适能。

## 提高心肺耐力素质

心肺耐力是指全身肌肉进行长时间运动的持久能力，是体内心肺系统对身体各细胞的供氧能力。人体的心脏、肺、血管、血液等组织的功能是心肺耐力的基础，它们与氧气和营养物质的输送以及代谢物的清除有关。健全的心肺功能是健康的基本保证。

系统的体育锻炼，可以使心肌增厚，收缩力加强，心室容积增大，从而使心脏的泵血功能增强，表现为心血输出量增加。

系统的体育锻炼，呼吸系统机能也将得到提高，表现为呼吸肌的力量增强，肺活量、肺通气量明显增加，保证对机体供氧的能力。

系统的体育锻炼，可以促进血管系统的形态、机能和调节能力产生良好的适应力，从而提高机体的工作能力。

系统的体育锻炼，可以使血液系统产生某些适应性变化，如血容量增加、血黏度下降、红细胞膜弹性增强和红细胞变形能力增强等。

 ## 提高肌肉力量素质

肌肉力量是指肌肉最大收缩产生的对抗阻力或负荷的能力。肌肉力量只有达到一定的程度，才能克服外界阻力，而克服外界阻力是维持日常生活自理、从事各种劳动和运动的必要前提。

系统的体育锻炼，可以提高肌肉的生理横断面积，可以改善神经系统对肌肉收缩的支配功能，还可以提高肌肉内代谢物质的储备量，使肌肉力量得到提高。

 ## 提高柔韧性素质

柔韧性是指人体各关节的活动幅度，即关节的肌肉、肌腱和韧带等软组织的伸展能力。柔韧性对于保证正常生活质量、维持正常体态、预防损伤发生和减轻损伤程度等方面均起到至关重要的作用。

系统的体育锻炼，还可以延缓因年龄因素而导致的柔韧性下降，预防因缺乏运动而导致的关节结构、周围软组织和膝关节肌肉退化，从而使锻炼者

的日常生活、劳动和运动等更加充满活力。

## 改善身体成分

身体成分是指人体体重中的脂肪组织和去脂组织的重量百分比。身体成分中的脂肪成分增加，肌肉成分必然下降。身体中不具备收缩功能的脂肪组织增加，必然导致身体进行各种活动的能力下降，基础代谢水平降低，肥胖症、冠心病、高血压、糖尿病、高血脂等慢性疾病发病率的提高。因此，身体成分是保证人体健康的重要内容之一。

通过系统的体育锻炼，随着锻炼者体质的增强，热量消耗便随之增加，进而燃烧掉体内多余的脂肪，使身体成分得到改善。而身体成分的改善，又可以减少体重对关节可能带来的不利影响，还可以使肥胖者的心理状况得到改善，增强其自信心，使其逐步建立起健康的生活方式。

# 心理价值

研究证明，有规律的体育锻炼不但可以使锻炼者增强体质、促进身体健康、预防一些慢性疾病，还可以提高锻炼者的生活满意度和生活质量，对其心理健康产生积极影响。

体育锻炼的心理健康效应主要表现在六个方面：

## 改善情绪状态

### 短期效应

研究发现，体育锻炼对人的情绪状态具有显著的短期效应。运动后人们的焦虑、抑郁、紧张和心理紊乱等症状会明显减轻，而精力和愉快程度则会明显增强。而且这种情绪的迅速变化，与锻炼者个体的健康状况、活动形式和活动强度等有着直接的联系。

### 长期效应

体育锻炼对人情绪的长期效应有着直接的影响，与不锻炼者相比，有规律的锻炼者在较长时期内很少会产生焦虑、抑郁、紧张和心理紊乱等情绪。

## 完善个性行为特征  见表2-2-1

人们的行为特征一般可以分为两种类型，用Ａ型行为特征和Ｂ型行为特征来表示。Ａ型行为特征主要表现为性情急躁、争强好胜、容易激动、整天忙碌和做事效率高等。Ｂ型行为特征主要表现为不好竞争、不易紧张、不赶时间、对人随和、喜欢自由自在等。具有Ａ型行为特征的人由于过度紧张的情绪反应，会引起内分泌失调，增加心脏病发病的概率。目前的一些研究主要集中在体育锻炼对改变Ａ型行为特征的作用方面。研究结果表明，有规律的体育锻炼能明显改变Ａ型行为特征。

 表2-2-1　Ａ、Ｂ型个性行为特征常见表现

| Ａ型行为特征者常见表现 | Ｂ型行为特征者常见表现 |
| --- | --- |
| 约会从来不迟到 | 对约会很随便 |
| 竞争意识很强 | 竞争意识不强 |
| 别人要讲话时总爱抢先或插话 | 是别人讲话时很好的听众 |
| 总是匆匆忙忙 | 即使有压力也从不匆忙 |
| 等待时缺乏耐心 | 能够耐心等待 |
| 干事时全力以赴 | 处事漫不经心 |
| 同时想干很多事 | 在一段时间里只干一件事情 |
| 讲话喜欢用加强语气,甚至敲桌子 | 讲话语速缓慢,不慌不忙 |
| 做了好事希望能得到别人的认可 | 只要自己满意即可,不管别人怎样想 |
| 吃饭、走路都很快 | 做事情很慢 |
| 不善与人相处 | 为人随和 |
| 容易暴露自己的感情 | 能控制自己的感情 |
| 具有广泛的兴趣 | 没什么业余爱好 |
| 雄心壮志 | 满足于目前的工作和学习状况 |

 ## 确立良好自我概念

自我概念是指个体对自己身体、思想和情感的主观整体评价，它由许多自我认识组成，包括我是什么人、我主张什么和我喜欢什么等。

坚持体育锻炼，可以使锻炼者体格强健、精力充沛、提高驾驭身体的能力，从而改善对自身的满意程度，确立良好的自我概念。

运动价值

 改变睡眠模式

根据脑电图的显示，人的睡眠可以分为两种状态，即慢波睡眠状态和快波睡眠状态。前者为浅度睡眠状态，后者为深度睡眠状态。一夜之间两种睡眠状态会交替发生 4～5 次。

有规律的体育锻炼不仅对慢波睡眠有促进作用，而且能缩短入眠的潜伏期，并延长睡眠的时间。

 改善认知能力

体育锻炼还能改善人的认知过程，避免反应时间过长、注意力不集中和思维混乱等症状的发生，尤其对老年人的认知能力改善效果更为明显。

 增加心理治疗效应

体育锻炼被公认为是一种心理治疗的好方法。目前人群中常见的心理疾患是抑郁症和焦虑症。研究发现，体育锻炼是治疗抑郁症的有效手段之一，抑郁症患者经过有规律的体育锻炼，抑郁症状能明显减轻。

体育锻炼还具有治疗焦虑症的作用，通过有规律的体育锻炼，可以使锻炼者的焦虑症状明显改善。

## 第三节

### 运动保护

在运动过程中，人体机能会随时发生变化。因此，应针对这种机能变化的特点来进行体育锻炼，也就是我们所说的运动保护。运动保护一般包括运动前准备、运动后放松和自我养护三个方面。

 运动前准备

准备活动是指在正式运动之前进行的有目的的身体练习。做好充分的

准备活动，可以缩短机体进入最佳状态的时间，同时还可以预防运动损伤的发生，为机体发挥最大的工作效率做好功能上的准备。

 **准备活动的作用**

### 提高中枢神经系统兴奋状态

(1)使大脑反应速度加快，参加活动的运动中枢神经相互协调。

(2)为正式运动时生理机能达到适宜程度提前做好准备。

### 提高机体代谢水平

(1)准备活动可以使锻炼者体温升高，降低肌肉黏滞性，使肌肉的伸展性、柔韧性和弹性增强，从而有效预防运动损伤的发生。

(2)准备活动可以增强体内代谢酶的活性，使物质代谢水平提高，以保证运动时有较充分的能量供应。

### 克服内脏器官生理惰性

(1)准备活动可以提高心血管系统和呼吸系统的机能水平，使肺通气量及心血输出量增加。

(2)可以使心肌和骨骼肌的毛细血管扩张，使其工作肌获得更多的氧，从而克服内脏器官的生理惰性，使之尽快达到最佳状态。

### 增加皮肤毛细血管的血流量

准备活动可以使皮肤毛细血管的血流量增加，运动后毛细血管扩张，有利于散热，降低体温，有效防止开始正式活动时由于体温过高而影响运动能力。

 **准备活动要求**

### 准备活动时间

(1)准备活动的时间可以根据运动项目的具体情况确定，一般以10～30分钟为宜。

(2)准备活动与正式运动的间隔时间，一般以不超过15分钟为宜，可以在做完准备活动后立刻进行正式运动。

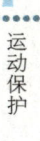

 **准备活动强度**

（1）准备活动的强度和量应较正式运动小，以免引起不必要的疲劳。

（2）准备活动的量可以由心率来决定，心率以 100～120 次／分为宜。

## 准备活动内容

### 一般性准备活动

一般性准备活动的内容多以伸展运动开始，然后进行一般性的跑步、徒手体操等活动。

下面介绍一套常用的一般性准备活动操，供锻炼者运动前使用。这套活动操主要包括头部运动、肩部运动、扩胸运动、体侧运动、体转运动、髋部运动和踢腿运动等。

#### 头部运动

头部运动的动作方法（见图 2-3-1）：两手叉腰，两脚左右开立，做头部向前、向后、向左、向右，以及绕环运动。

图 2-3-1

### 肩部运动

肩部运动的动作方法(见图2-3-2)：手扶肩部，屈臂向前、向后绕环，以及直臂绕环。

### 扩胸运动

扩胸运动的动作方法(见图2-3-3)：屈臂向后振动及直臂向后振动。

### 体侧运动

体侧运动的动作方法(见图2-3-4)：两脚左右开立，一手叉腰，另一臂上举，并随上体向对侧振动。

### 体转运动

体转运动的动作方法(见图2-3-5)：两脚左右开立，两臂体前屈，身体向左、向右有节奏地扭转。

### 髋部运动

髋部运动的动作方法(见图2-3-6)：两脚左右开立，两手叉腰，髋关节放松，向左、向右360度旋转。

图 2-3-2

图 2-3-3

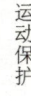

运动保护

### 踢腿运动

踢腿运动的动作方法（见图 2-3-7）：两臂上举后振，同时一腿向后半步，重心置于前腿，两臂下摆后振，同时向前上方踢腿。

图 2-3-4

图 2-3-5

图 2-3-6

图 2-3-7

### ❀ 专门性准备活动

专门性准备活动的动作方法、节奏和强度等与正式锻炼相似，目的是使人体主要肌群在运动前得到动员，为正式锻炼做好准备。

 运动后放松

运动后放松是指运动之后所进行的一些能够加速机体功能恢复的、较轻松的身体活动。与运动前准备活动相反，其目的是使锻炼者的生理机能水平逐步得到恢复。

 放松方法

### ❀ 运动性手段

（1）运动结束后，锻炼者可采用变换运动部位的方法来消除疲劳，如上肢出现疲劳时可做一些慢跑运动，下肢出现疲劳时可做一些上肢运动。

（2）转换运动类型也是一种不错的放松方法，如打羽毛球出现疲劳时，可从事瑜伽运动来达到放松的目的。

（3）还可以用调整运动强度的方法来缓解疲劳，如可以在放松过程中，采用小强度的轻微运动方法等。

### ❀ 整理活动　见图 2-3-8

（1）整理活动是指运动后所做的一些能够加速机体功能恢复的身体活动，如剧烈运动后进行 3～5 分钟慢跑或其他整理活动，使身体机能得以恢复。

（2）剧烈运动后如不做整理活动而骤然停止动作，会影响氧气的补充和静脉血的回流，使机体血压降低，引起不良反应。

图 2—3—8

（1）在进行整理活动时动作应缓慢、放松，运动量不要过大，否则会引起新的疲劳。

（2）在进行整理活动时，应当保持心情舒畅、精神愉快。

锻炼后，锻炼者感觉身体疲劳是一种正常的生理现象，是体育锻炼过程中的正常反应，随着体育锻炼时间的延长，疲劳症状会自然消失。运动性疲劳出现后，锻炼者如果采用一些自我养护措施，可以加速身体机能的恢复，尽快消除疲劳，提高锻炼效果。常见的自我养护方法主要包括运动后休息、合理营养和物理手段等三种。

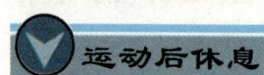

**静止性休息** 见图 2—3—9

（1）静止性休息是指锻炼者运动后保持机体相对的静止状态，以促进身体机能的恢复，尽快消除疲劳。

（2）静止性休息的最佳方式之一是睡眠，特别是刚开始从事锻炼者，身体不适应或疲劳症状明显时，更应该保证足够的睡眠，否则，锻炼者虽然积极参加了体育锻炼，但收效甚微，甚至会导致过度疲劳症状的发生。

（3）静止性休息更适合于消除全身运动导致的整体疲劳症状。

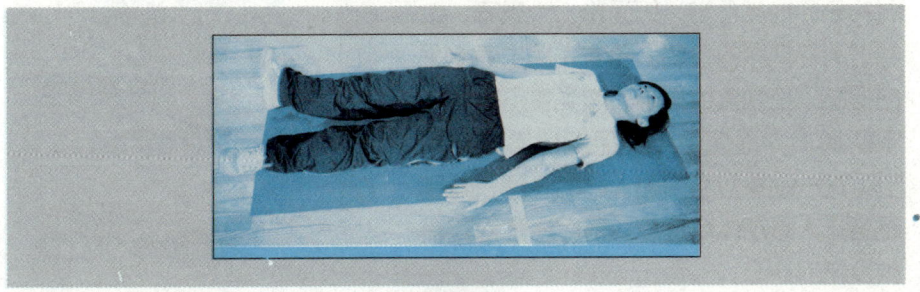

图 2-3-9

**积极性休息** 见图 2-3-10

（1）积极性休息更适合由于少量肌肉群参与工作而导致的局部疲劳，或运动强度较大而导致的快速疲劳。

（2）积极性休息可以加速血液循环，有利于代谢物排出体外，对促进身体机能的恢复具有明显的效果。

图 2-3-10

 见图2-3-11

图2-3-11

小强度、长时间的运动形式，主要是靠糖原的有氧代谢提供能量。运动后应及时补充淀粉类食物，如面粉、大米等，以促进消耗糖原的合成。随着人民生活水平的提高，在饮食结构中，肉类食品的比重不断增加，而淀粉类食品的比重逐渐减少，这一现象应当引起人们的注意，特别是老年人参加体育锻炼，更应注意对淀粉类食物的补充。

强度较大、时间又相对较长的运动形式，主要是靠糖原的无氧代谢提供能量。这样，糖原无氧代谢产物——乳酸便会在体内大量堆积。因此，运动后应多补充蔬菜、水果等碱性食品，以加速乳酸的清除，达到尽快消除疲劳的目的。

## 物理手段

 见图2-3-12

（1）通过刺激神经末梢、皮肤结缔组织和毛细血管的按摩方法，可以使紧张的肌肉得以放松，从而改善局部组织和全身的血液循环，达到促进身体机能恢复的目的，这种方法可以在锻炼后马上进行。

（2）此外，还可以采取缓慢牵拉肌肉的方法，使收缩的肌肉得到充分的伸展放松。

### 水疗及电疗

（1）水疗包括芬兰式蒸汽浴、热水浴和桑拿浴等多种形式，主要作用是通过提高体温，促进血液循环，清除代谢物，以达到尽快消除疲劳、恢复体力的目的。

（2）水疗的时间一般以不超过30分钟为宜，如果时间过长，会进一步消耗体力，严重时甚至会出现暂时性脑缺血现象。

（3）如果条件允许，还可对疲劳的肌肉进行低频治疗。低频治疗仪的原理是模拟针灸疗法，使用时将电极用不干胶对称地粘贴在运动部位表皮上。这种疗法可以促进局部血液循环，改善组织代谢，缓解肌肉酸痛，消除疲劳。

图 2-3-12

# 第三章　基本技术

剑术的基本技术包括握剑的方法、持剑礼节与持剑方法、步形、步法、平衡、基本剑法等内容。练习者可以通过掌握基本技法，形成良好的学习开端，进而养成适应剑术技法练习的正确习惯。

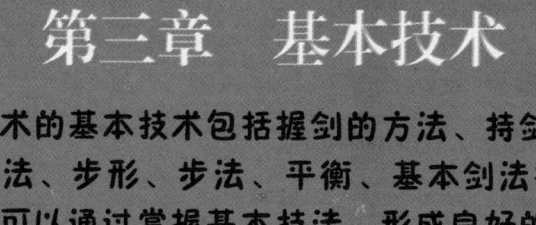

## 第一节
## 握剑方法

剑术由于演练起来灵活多变,有很多的握剑方法。正确地掌握这些方法,对于学习和练习剑术的套路,会有很大的帮助。

**动作方法** 见图 3-1-1

立剑(剑刃朝上),小指侧向下。

**技术要点**

手要握紧,直腕。

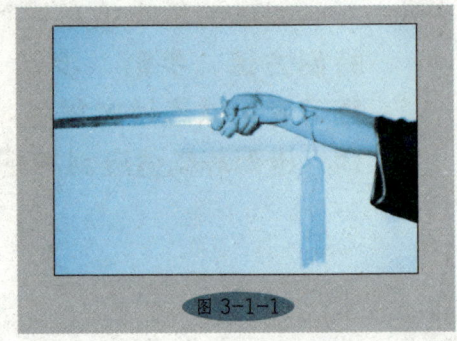

图 3-1-1

**动作方法** 见图 3-1-2

立剑,小指侧向上。

**技术要点**

翻腕,手要握住剑柄和护手盘,直腕。

图 3-1-2

 俯握剑

 仰握剑

## 动作方法 见图 3-1-3

平剑（剑刃朝两侧），手心向下。

## 技术要点

手抓住护手盘，剑柄贴紧手腕。

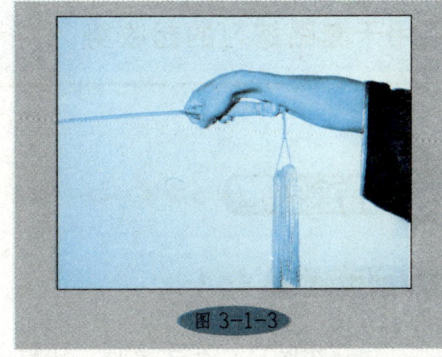

图 3-1-3

## 动作方法 见图 3-1-4

平剑，手心向上。

## 技术要点

手要抓住护手盘，剑柄贴近腕关节，直腕。

图 3-1-4

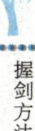

握剑方法

## 第二节

## 持剑礼节与方法

　　在剑术的练习之前或练习完之后，都要敬持剑礼，表示对教练员、裁判员、观众、对手等人的尊重；而持剑一般用于套路练习的起收势。

 持剑礼

### ✿ 动作方法　见图 3-2-1

　　（1）并步站立，左手持剑，屈臂抬起，使剑身贴前臂外侧斜横于胸前；

　　（2）右手呈剑指，以剑指外沿附于左手食指根节，高与胸齐，两手与胸间距离为 20～30 厘米。

### ✿ 技术要点

　　两臂不要过高，要挺胸、抬头，目视前方。

图 3-2-1

## 持剑方法

### 动作方法 见图 3-2-2

常见于剑术套路的起、收势。手心紧贴护手，食指扶于剑柄，拇指和其余手指分别紧扣于护手两侧，剑脊轻贴前臂后侧。

### 技术要点

手要握紧护手盘，剑要贴身、立直。

图 3-2-2

## 第三节

## 步形与步法

步形与步法的练习，主要是起到增进腿部的速度和力量的作用，以提高两腿移动转换的灵活性和稳固性。

主要介绍弓步、马步、仆步、虚步和歇步等基本步形。

 弓步

 **动作方法** 见图 3-3-1

（1）右脚向前一大步（本人脚长的4～5倍），脚尖略内扣，右脚屈膝半蹲（大腿接近水平），小腿与地面垂直，左腿挺膝伸直，脚尖内扣（斜向前方），两脚全脚着地；

（2）上体正对前方，眼向前平视，弓右腿为右弓步，弓左腿为左弓步。

**技术要点**

前腿弓，后腿绷；挺胸、塌腰、沉髋，前脚同后脚呈一直线。

图 3-3-1

**马步**

**动作方法** 见图 3-3-2

两脚平行开立（约为本人脚长的3倍），脚尖正对前方，屈膝半蹲，膝部不超过脚尖，大腿接近水平，全脚着地，重心落于两脚之间。

**技术要点**

挺胸，塌腰，脚跟外蹬。

图 3-3-2

 **仆步**

（1）两脚左右开立，右腿屈膝全
蹲，大腿和小腿靠紧，臀部接近小
腿，右脚全脚着地，脚尖和膝关节外
展；

（2）左腿挺直平仆，脚尖内扣，
全脚着地，仆左腿为左仆步；仆右腿
为右仆步。

**技术要点**

挺胸，塌腰，沉髋。

图 3-3-3

 **虚步**

动作方法 见图 3-3-4

（1）两脚前后开立，右脚外展 45
度，屈膝半蹲；左脚跟离地，脚面绷
平，脚尖略内扣，虚点地面，膝略
屈；

（2）重心落在后腿上，左脚在前
为左虚步，右脚在前为右虚步。

**技术要点**

挺胸，塌腰，虚实分明。

图 3-3-4

步形与步法

歇步

### 动作方法 见图 3-3-5

(1)两腿交叉靠拢全蹲，右（左）脚全脚着地，脚尖外展，左（右）脚前脚掌着地，膝步贴近右（左）外侧，臀部坐于左（右）腿接近脚跟处；

(2)两手抱拳于腰间，左脚在前为左歇步，右脚在前为右歇步。

### 技术要点

挺胸，塌腰，两腿靠拢并贴紧。

图 3-3-5

步法

步法多用于动作之间的衔接，或跳跃动作前的助跑。一般有击步、垫步和弧形步等。

### 击步

### 动作方法 见图 3-3-6

上体前倾，后脚离地提起，前脚随即蹬地前纵。在空中时，后脚向前碰击前脚。落地时，后脚先落，前脚后落，眼向前平视。

### 技术要点

跳起在空中时，要保持上体正直并侧对前方。

图 3-3-6

 垫步

### 动作方法 见图3-3-7

后脚离地提起，脚掌向前脚处落步，前脚立即以脚掌蹬地向前上提起，将位置让与后脚，然后再屈膝提腿向前落步，眼向前平视。

### 技术要点

跳起在空中时，要保持上体正直并侧对前方。

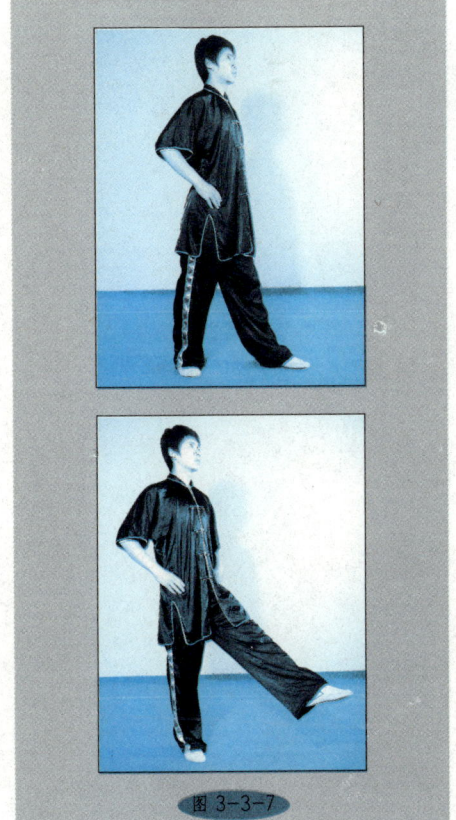

图 3-3-7

## 弧形步

### 动作方法 见图 3-3-8

两腿略屈，两脚迅速连续向侧前方行步。每步大小略比肩宽，走弧行路线。

### 技术要点

挺胸，塌腰，保持半蹲姿势，身体中心移动要稳，不要有起伏现象。落地时，由脚跟迅速过渡到全脚掌。

图 3-3-8

## 第四节

### 平衡

　　平衡动作分为持久平衡和非持久平衡两种。要做好平衡动作,不仅要求腰、髋有较好的柔韧性,而且要有较好的肌肉控制能力。

### 提膝平衡

**动作方法** 见图 3-4-1

　　右腿直立支撑,左腿屈膝提起(过腰),脚面绷直,并垂扣于右腿前侧。

**技术要点**

　　平衡站稳,提膝过腰。

图 3-4-1

### 燕式平衡

**动作方法** 见图 3-4-2

　　左腿屈膝蹬起,上体前俯,左腿直腿后伸,高于水平,脚面绷平。

**技术要点**

两腿伸直，后举腿要高于头顶水平部位，抬头。

图 3-4-2

 扣腿平衡

**动作方法** 见图 3-4-3

支撑腿屈膝半蹲，另一腿半屈膝外展，脚尖绷平或勾起，踝关节紧扣于支撑腿膝部弯曲处，挺胸，塌腰。

**技术要点**

支撑腿站稳，扣腿脚要扣住。

图 3-4-3

 盘腿平衡

**动作方法** 见图 3-4-4

支撑腿屈膝半蹲，另一半屈膝外展，小腿收提，脚面绷平或脚尖勾起，踝关节放在支撑腿的大腿上，挺胸，塌腰。

**技术要点**

支撑腿站稳立牢，盘放腿的膝关节要外展。

图 3-4-4

## 第五节

### 基本剑法

剑术主要运用刺、劈、撩、挂、云、抹、点、穿、绞、崩、截、斩、带和腕花等方法。

 **刺剑**

**动作方法** 见图 3-5-1

立剑向前直出为刺，力达剑尖。

**技术要点**

发力于腰，力达剑尖。

图 3-5-1

## 劈剑

### 动作方法 见图 3-5-2

立剑，由上向下为劈，力达剑身。劈有里劈和外劈，劈的目标是攻击对方头部或肩部。

### 技术要点

劈剑力达剑刃，腕关节下沉。

图 3-5-2

## 撩剑

动作方法 见图 3-5-3

立剑，由下向前上方为撩，力达剑身前部。撩有里撩和外撩，撩的攻击目标是利用剑刃撩割对方的腕部。

### 技术要点

力达剑身前部，身体近距离做半弧形撩出。

图 3-5-3

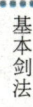

## 挂剑

### 动作方法 见图 3-5-4

立剑，手臂内旋，使剑尖由前向下、向后或向上、向后为挂，力达剑身前部。挂是防护对方用剑刺喉咙或面部的剑法。挂分为左挂和右挂。

### 技术要点

立剑，剑身近身体做立圆。

图 3-5-4

**动作方法** 见图 3-5-5

举剑过顶（剑刃朝上横拉，称之为"云"，因其如天空浮云之状得名），用剑下刃从对方右臂的下方向上云割对方持剑的手腕。

**技术要点**

头上做平圆运动。

图 3-5-5

基本剑法

 抹剑 ◆◆◆◆◆◆◆◆

### 动作方法 见图 3-5-6

平剑，用剑身中部右前向左（右）弧形抽回为抹，高度在胸腹之间，力达剑身。

### 技术要点

剑要平，抹剑时臂要伸直。

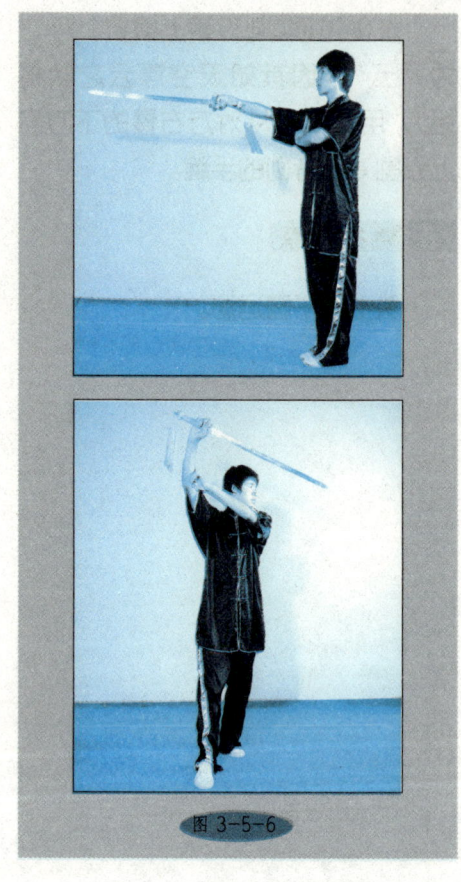

图 3-5-6

## 点剑

**动作方法** 见图 3-5-7

立剑，提腕，使剑尖猛向前下为点，力达剑锋。目标是点击对方的头部或腕部。

**技术要点**

提腕，屈腕，力达剑尖。

图 3-5-7

基本剑法

## 绞剑

**动作方法** 见图 3-5-8

平剑，剑尖向左（右）小立圆环绕为绞，力达剑身前部。主要用于圈割对方手腕。

**技术要点**

用剑尖向身体左右方向划圆做立圆运动，手腕要灵活。

图 3-5-8

## 崩剑

**基本技术**

### 动作方法 见图 3-5-9

立剑，沉腕使剑尖猛向前上为崩，力达剑身前端和剑尖。主要用剑前端崩开袭来之剑或用剑尖崩击对方的腕部。

### 技术要点

猛向前上发力，力量由剑身达于剑尖，臂伸直，剑尖高不过头。

图 3-5-9

截剑

**动作方法** 见图 3-5-10

剑身斜向上或斜向下为截，力达剑身前部。上截剑斜向上，下截剑斜向下，后截剑斜向右后下方。主要使用剑下刃截击对方持剑攻击的手臂。

**技术要点**

剑身在上下斜方向横挥与手臂呈一直线，力在剑身前段。

图 3-5-10

 斩剑

**动作方法** 见图 3-5-11

平剑向右（左）横出，力达剑身。主要使用剑的下刃，平斩对方。目标是攻击对方的颈部或腰部。

**技术要点**

以腕发力，运柔为刚，力点清晰。

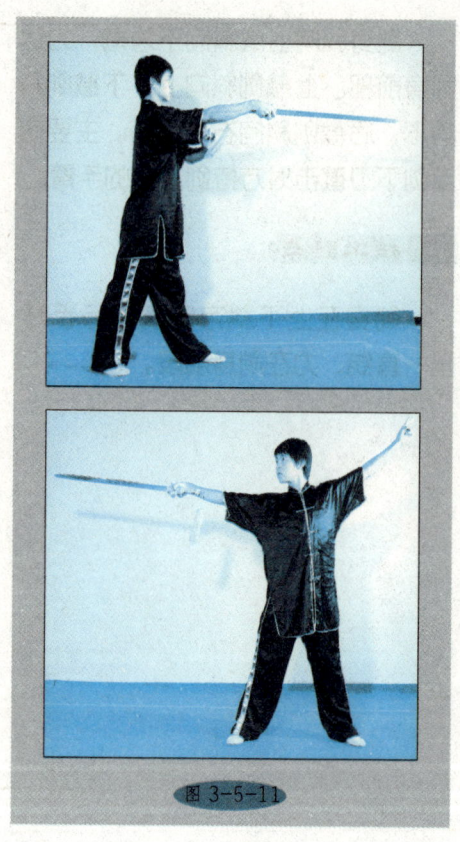

图 3-5-11

##  带剑

**动作方法** 见图 3-5-12

平剑或立剑，由前向后或侧后上方抽回为带，力达剑身。属防守性剑法，即带开对方的攻势随之还击对方。

**技术要点**

剑身纵抽向运动，或推送，或抽拉，力量顺剑身纵抽顺序传递。

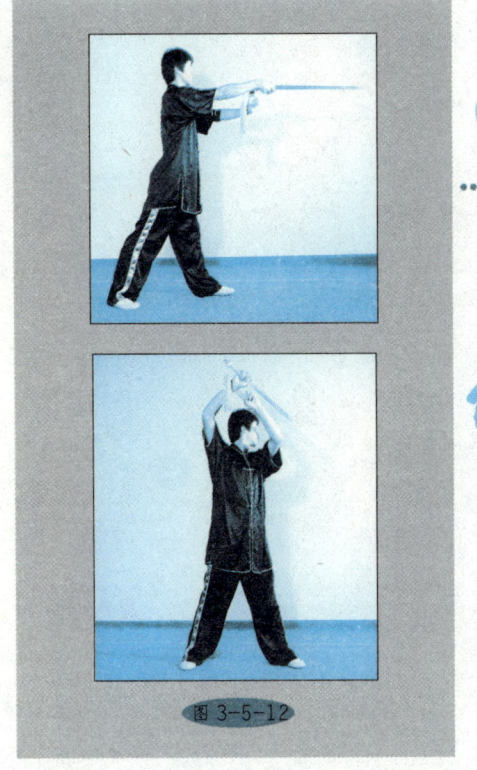

图 3-5-12

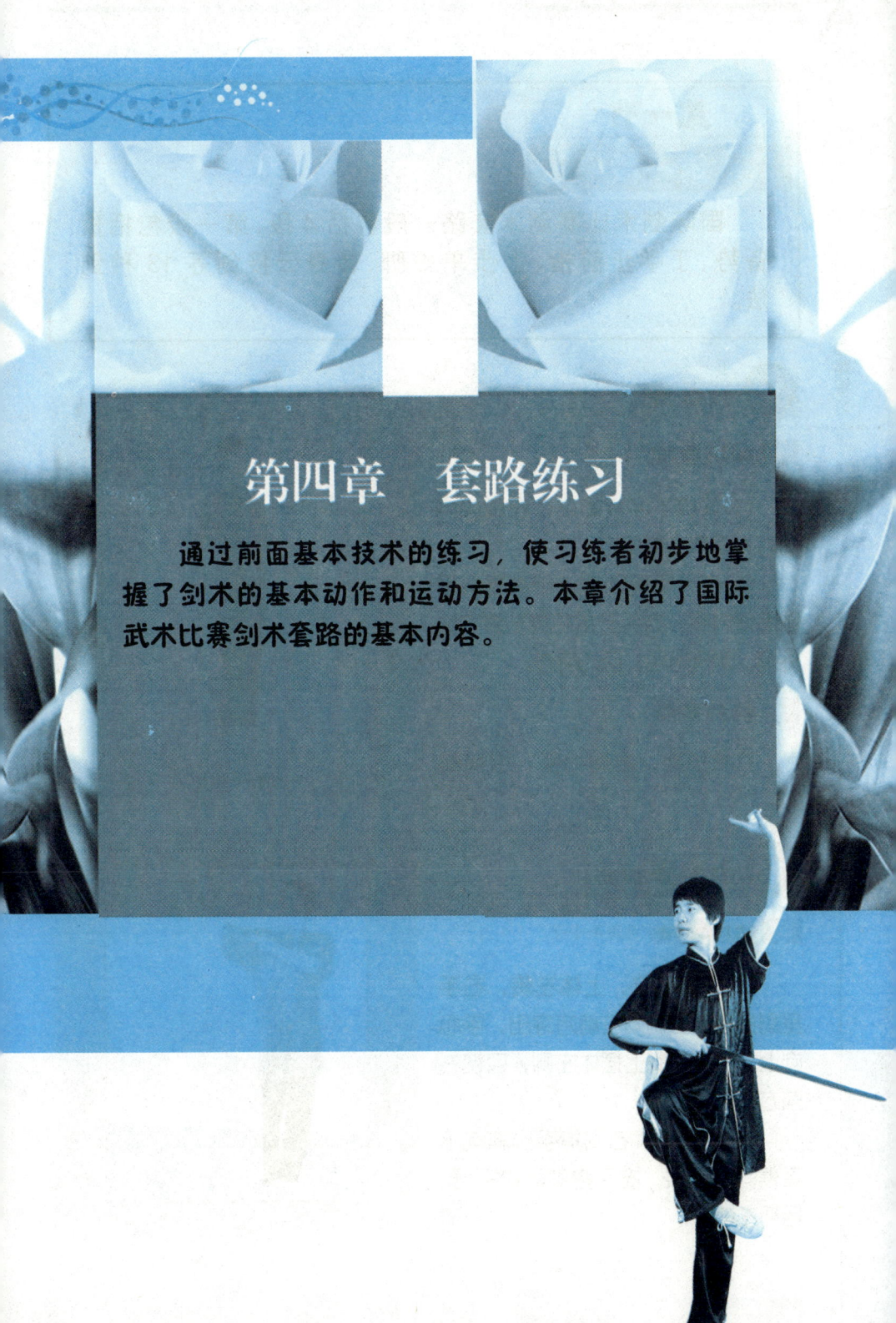

# 第四章　套路练习

通过前面基本技术的练习，使习练者初步地掌握了剑术的基本动作和运动方法。本章介绍了国际武术比赛剑术套路的基本内容。

## 第一节

### 第一段

国际剑术比赛剑术套路一般包括 4 段,第一段包括预备势、丁字步前指、上步单拍脚、转身云接剑等 13 种剑法。

 **预备势**

**动作方法** 见图 4-1-1

（1）两脚丁字步站立，左脚尖向前方，面向右斜前方；

（2）左手反握剑柄，剑身垂直紧贴前臂内侧，右手五指并拢贴靠右腿外侧，两臂略屈，目视前方。

**技术要点**

立腰拔背，挺胸抬头，目视前方。

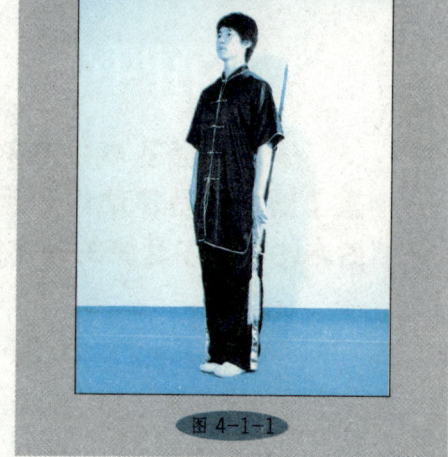

图 4-1-1

 **丁字步前指**

**动作方法** 见图 4-1-2

（1）两脚站立，上体左转，右手呈剑指经腰右侧向左前方穿出，手心向上，左手持剑上摆体左侧，目视左前方；

（2）右臂内旋右剑指手心斜向下直臂向右平摆，左手持剑随之平摆，目视左前方；

（3）上体右转，右剑指继续向右平摆至斜后方，手心向下，左手持剑摆斜前方，目视右后方；

（4）上体左转，右剑指屈肘经腰右侧向斜前方直臂伸出，虎口向上，与肩同高，左手持剑屈肘收至左肩前，剑身贴靠前臂内侧，目视右剑指方向。

**技术要点**

剑指与肩部平行，身体右侧半转，目视剑指方向。

图 4-1-2

**动作方法** 见图 4-1-3

（1）右腿屈膝下蹲，左脚向斜后方落步，前脚掌着地，腿伸直，上体右转左手持剑向下、向前上方摆起，右剑指向上、向右后摆落，目视右后方；

（2）上体左转，重心上起，右腿

伸直，左脚向前上步；右剑指呈掌经下向上摆起，左手持剑向下、向后摆出，目视前方；

（3）左腿直立并独立支撑，右腿向上方直腿摆踢，脚面绷平，右手下落掌心拍击右脚面，左手持剑置于体左侧，目视右手。

❀ **技术要点**

快速完成拍脚动作，支撑腿不得弯曲。

套路练习

图 4-1-3

## 转身云接剑

❀ **动作方法** 见图 4-1-4

（1）右腿向前落步，腿略屈，上体略左转，右剑指屈肘下落左肩前，左手持剑后摆，目视左后方；

（2）两腿动作不变；右剑指向右平摆，目随视右剑指；

（3）以右脚前脚掌为轴，身体右后转，左脚向右脚靠拢，前脚掌着地，两腿伸直，同时左手持剑向上摆起，随即左臂外旋手心向上并以腕为轴向左经前向右在头部上方平绕一周，右剑指右下摆；

（4）身体继续右转，右脚向后退步，两腿略屈膝，左手持剑随体转向后、向左平绕，然后屈肘下落前，手心向上，右臂屈肘，右手落于剑柄上方，目视剑尖方向；

（5）身体右转，右手接握剑随体转向前平摆，左手呈剑指向左后方摆出，目视前方；

（6）两腿屈膝下蹲，左脚跟抬起；右手握剑向右经后向前划弧并屈肘收至右腰侧，剑刃向上下，左剑指前摆屈肘收至右肩前，指尖向上，目视右下方。

### 技术要点

转身与云剑动作连接紧凑，持剑手腕灵活，眼随手动。

图 4-1-4

### 跳叉步刺剑

**动作方法** 见图 4-1-5

（1）双脚蹬地跳起，左脚向前，右脚向后交叉落步，左腿屈膝，脚尖外展，右脚伸直，前脚掌落地；

（2）同时右手握剑向斜上方刺出，左剑指摆至体后，两臂伸直，虎口向上，目视剑尖方向。

**技术要点**

刺剑发力于腰，力达剑尖。

图 4-1-5

### 上步剪腕花

**动作方法** 见图 4-1-6

（1）重心上起，右脚向前上步，脚尖内扣，右手握剑以腕为轴向下、向上在体左侧立圆绕行一周，左剑指前摆屈肘收至右臂内侧，目视前方；

（2）重心前移，右手握剑以腕为

轴向下、向上在体右侧立圆绕行一周，目视前方。

 **技术要点**

　　腕花时向身体前后方向用剑划圆，与身体协调配合。

图 4-1-6

▼ **翻腰剪腕花**

**动作方法** 见图 4-1-7

　　(1)重心移至右腿，左脚向右脚斜后方落步，前脚掌着地，同时右手握剑经下向上、向右在体前立圆绕行，左剑指上摆；

　　(2)以两脚掌为轴，身体向左后翻转，左剑指继续向上、向左抡摆，右手握剑随翻转经下向上翻转，目视左前方；

　　(3)左腿略屈支撑，右腿向右前摆起，脚面绷平，右剑握剑向右、向下摆落随即臂内旋，左剑指屈肘摆至右臂内侧，目视右前方；

　　(4)左腿蹬地跳起，小腿向后摆踢，右腿在空中左摆，同时右手握剑

以腕为轴向下、向上在体前立圆绕行，目视右前方；

（5）右脚落地，左脚向左落步，脚尖外展，两腿屈膝，右手握剑下摆收至右腰侧，左剑指经下向左摆出，虎口向上，目视左前方。

套路练习

### 技术要点

上下肢动作变换灵活、协调，配合密切。

图 4-1-7

 弓步刺剑

### 动作方法 见图 4-1-8

身体左转，左腿屈膝，右腿伸直呈左弓步，右手握剑向前刺出，与肩同高，剑刃向上下，目视前方。

图 4-1-8

### 技术要点

刺剑与弓步同时完成，力达剑尖。

### 并步半蹲刺剑

**动作方法** 见图 4-1-9

（1）重心后移，右腿屈膝，右手握剑臂外旋手心向上，然后向下、向后回带，左剑指手心向下，指尖向右并经右臂沿剑身上方向前推出，目视左剑指；

（2）身体右转，重心上起，左腿伸直，右手握剑随体转向右上带起，同时右臂内旋手心翻向外，左臂内旋伸直，反臂手心向上，目视右前方；

（3）身体左转，两腿屈膝，右手握剑外旋屈肘向下摆落右腰侧，手心向上，左臂外旋举于体左侧，目视左前方；

（4）身体左转，右脚向左脚内侧落步震脚，两腿屈膝半蹲，右手握剑向前下方刺出，剑尖高不过腰，左剑指屈肘收至右臂内侧，指尖向上，目视前下方。

### 技术要点

刺剑右手高不过肩部，力达剑尖，目视剑尖。

图 4-1-9

### 退步剪腕花

**动作方法** 见图 4-1-10

（1）重心上起，两腿伸直，脚跟抬起，身体右转，右手握剑上举，左剑指屈肘收至右肩前，目视前方；

（2）身体略右转，重心后移，右脚向后退步，前脚掌着地，两腿略屈，右手握剑以腕为轴向下、向上在体右侧立圆绕行一周，目视前方；

（3）重心后移，左脚向左斜后方退步，前脚掌着地，上体右转，右手握剑向下、向后摆出，左剑指向前上方伸出，目视前方。

**技术要点**

上肢与下肢协调配合，眼随手动。

图 4-1-10

 弧形步穿剑

**动作方法** 见图 4-1-11

（1）身体左转，重心移至两腿间，腿略屈，有手握剑向上、向下挂剑并屈肘收至右腰侧，手心向上，左剑随体转经下向上摆起；

（2）身体继续左转，重心移至左腿并独立支撑，右腿屈膝向上抬起，小腿内扣，脚面绷平，右手握剑穿至腹前，手心向上，左剑指举于头部上方，目视前方；

（3）重心右前移，右脚向右前方落步，脚尖外展，右手握剑向左穿

出，手心向上，左剑指屈肘下落体前，手心向下；

（4）重心右前移，左脚向右前方上步，脚尖内扣，右手握剑继续向前、向右前方平穿，手心向上，左剑指屈肘摆至腰侧，目视右前方；

（5）重心右前移，右、左脚依次向右前方上步，右脚尖外展、左脚尖内扣，右手握剑继续向右前穿，左剑指平摆体侧，目视右前方；

（6）右脚向右前方上步，脚尖外展，右手握剑继续向上摆起；目视剑尖方向；

（7）左脚向前上步，脚尖内扣，右手握剑经上向左摆落，手心向下，左剑指屈肘收至右手腕上方，手心向下，目视左前方；

（8）身体略右转，右脚向前上步，右手握剑下落腹前，虎口向上，剑刃向上下，左剑指置于右腕上方；

（9）上体略右转，左脚向前上步，两腿略屈，右手握剑经体左侧向前摆出，虎口向下，左剑指后摆，目视前方。

**技术要点**

　　每步大小略比肩宽，走弧行路线，剑与身体配合默契，一气呵成。

　　挺胸，塌腰，保持半蹲姿势，身体重心移动要稳，不要有起伏现象，落地时由脚跟迅速过渡到全脚掌。

图 4-1-11

 **腾空后点剑**

**动作方法** 见图 4-1-12

　　（1）左脚蹬地跳起，右腿屈膝上抬，脚面绷平，右手握剑向前、向上摆起，左剑指经下向前抡摆，目视前方；

　　（2）两腿小腿迅速向后上摆起，脚面绷平，同时右手握剑继续向上、

向后点剑，剑柄高于剑尖，左剑指向上摆至头部斜上方，目视后方。

 技术要点

腾空跃起与点剑同时完成，力达剑尖。

图4-1-12

## 击步拉腿翻身跳

**动作方法** 见图4-1-13

（1）右脚落地，左脚向前落步，右手握剑举于体后方，左剑指屈肘经面前下落右肩前，指尖向上，目视前方；

（2）左脚蹬地跳起，右脚前摆在空中击碰左脚，两脚伸直，脚面绷平，左剑指经胸前向前直臂伸出，指尖向前，目视前方；

（3）右、左脚向前依次落地，两腿略屈，右手握剑扣腕向上摆起，左剑指下落，目视前下方；

（4）右脚向前上步，脚尖内扣，身体左转，两腿屈膝，右手握剑向上、向下挂剑，左剑指直臂向下、向左抡摆；

（5）右脚蹬地，左腿向左上直腿摆起，脚面绷平，身体向左上方翻

套路练习

转，右手握剑经下向左抡挂剑，左剑指向上摆起；

（6）右脚蹬地跳起后直腿上摆，身体在空中继续向左翻转，左腿随之经上向左摆动，两脚面绷平，右手握剑继续向上挂剑，左剑指直臂向左抡摆，目视前方。

### ❋ 技术要点

动作变换快速准确，掌握技术动作方法，技术连贯顺畅。

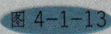

图 4-1-13

 **坐盘刺剑**

 **动作方法** 见图4-1-14

（1）在空中身体继续向左翻转，左腿下摆落地后屈膝，右腿随体转屈膝前收落地并于左腿交叉呈坐盘，左腿在上；

（2）同时右手握剑经右腰侧向前下方刺出，手心向下，左剑指屈肘收至右臂上方，目视剑尖方向。

图4-1-14

**技术要点**

刺剑右手低于肩部，目视剑尖。

## 第二节

### 第二段

国际武术比赛剑术资格的第二段里，包括探海平衡，卧云平衡、上步刺剑等14种剑术技术动作。

**探海平衡**

**动作方法** 见图4-2-1

（1）重心上起，两腿直立，右脚收至左脚后方，身体右转，右手握剑直臂上举，左剑指下摆，目视前方；

（2）重心前移，右脚向右前方上步，右手握剑臂外旋以腕为轴向

前、向下绕行，左剑指上摆，目视前方；

（3）重心前移，左脚向右脚内侧并拢，脚尖点地，两腿屈膝半蹲，右手握剑继续以腕为轴经下向上、向前在体右侧立圆绕行并屈肘收至腰右侧，左剑指前摆收至右肩前，指尖向上，目视前下方；

（4）右腿独立支撑，左脚向后上方伸出，脚面绷平，两腿伸直，上体前俯，右手握剑向前下方刺出，剑刃向上下，左剑指置于右臂内侧，目视前下方。

**技术要点**

两腿伸直，后举腿要高于头顶水平部位，抬头（此动作为持久性平衡，静止时间不得少于2秒）。

图 4-2-1

## ▼ 卧云平衡

### ❋ 动作方法　见图 4-2-2

（1）右腿独立支撑，左腿屈膝小腿回收，脚面绷平，脚高于头部；

（2）右手握剑经下向后斜上方反臂撩剑，虎口向下，左剑指向左摆至头部左上方臂略屈，上体前俯并向右后拧转，目视右前方。

### ❋ 技术要点

动作协调配合，目视右前方（此动作为持久性平衡，静止时间不得少于2秒）。

图 4-2-2

## ▼ 上步刺剑

### ❋ 动作方法　见图 4-2-3

（1）上体直起，重心前移，左脚向前落步，右脚跟抬起；

（2）右手握剑经腰右侧向前刺出，与肩同高，虎口向上，左剑指直臂后摆，目视前方。

图 4-2-3

**技术要点**

上下肢同时完成，一气呵成。

**翻身扫剑**

**动作方法** 见图 4-2-4

（1）左腿略屈，右腿前伸，脚面绷平，脚尖点地，重心偏后，上体后仰，右手握剑经右向后平扫，剑尖略高于肩，手心向下，臂伸直，左剑指经前向右平摆屈肘收至右肩前，仰头，目视后方；

（2）身体向左上方翻转，右手握剑臂前伸，目视前方；

（3）上体直起，重心移至两腿间，右手握剑平举体前，左剑指平摆斜后方，目视前方；

（4）身体右转，重心前移，右手握剑随体转向前平扫，手心向下，左剑指随之直臂平摆，目视剑尖；

（5）以右脚前脚掌为轴，身体继续右转，左脚落于右脚内侧，前脚掌着地，两腿伸直，右手握剑随体转向右扫剑，手心向下，左剑指上摆，目视剑尖；

（6）以左脚前脚掌为轴，身体继续右转，右脚随后向右落步，两腿直立，右手握剑随体转摆至体后侧斜下方，手心向下，左剑指向右摆至右肩

前，指尖向上，目视剑尖。

技术要点

用力柔顺，与身体协调配合，动作一气呵成。

图4-2-4

左右挂剑

动作方法 见图4-2-5

（1）两脚站立，右手握剑臂外旋扣腕，剑尖上摆，左剑指向上、向左前摆出，目视左前方；

（2）身体左转，重心前移，右腿独立支撑，左腿屈膝向上抬起，脚面绷平，右手握剑经上向前、向后在体左侧立圆挂剑，左剑指下落右臂内侧，目视前方；

（3）左脚向前落步，右手握剑臂

外旋继续向上、向前挂剑，左剑指置于右臂内侧，目视前方；

（4）右脚向前上步，上体略右转，右手握剑继续向下、向后上挂剑，左剑指向前伸出，目视前方。

**技术要点**

立剑，剑身近身体做立圆。

图 4-2-5

**转身穿挂剑**

**动作方法** 见图 4-2-6

（1）左脚向前上步，脚尖略内扣，两腿略屈，右手握剑屈肘手腕内扣使剑尖沿身体右侧下落再沿背部向左上方穿出，手心向外，手背靠近背部，左剑指经体前向上穿出；

（2）左腿独立支撑并以前脚掌为轴，身体右转，右腿屈膝上抬，小腿内扣，脚面绷平，右手握剑随体转手腕翻转下落使剑尖向后、向下立圆绕

行，左剑指下落体左侧，目视前方；

（3）右脚向后落步，前脚掌着地，右手握剑向前、向上挂剑，左剑指上摆屈肘收至右肩前，目视前方。

**技术要点**

动作一气呵成。

图 4-2-6

**提膝刺剑**

**动作方法** 见图 4-2-7

（1）身体继续右转，重心移至右腿，右手握剑随体转继续向下、向后挂剑，左剑指向前上方伸出，指尖向上，目视前方；

（2）左脚向前上步，脚尖外展，右手握剑向上、向前抡摆，左剑指经下向后摆，目视前方；

（3）右脚向前上步，脚尖内扣，两腿略屈，右手握剑以右腕为轴向下、向上在体前立圆绕行一周，身体左转，左剑指直臂上摆，目视左前方；

（4）身体左转，重心移至右腿并独立支撑，左腿屈膝小抬，小腿内扣，脚面绷平，右手握剑经右腰侧向右前方刺出，剑刃向上下，与肩同高，左剑指上摆举于头部左上方，目视右前方。

**技术要点**

提膝腿高于髋关节，持剑右手与肩同高，目视前方。

图 4-2-7

 持剑旋子

**动作方法** 见图4-2-8

（1）右手握剑臂外旋左摆并屈肘收至体右前方，手心向上，左手剑指呈掌下落剑柄上方，手心向下，目视左手；

（2）身体左转，左脚向前落步，脚尖略外展，左手接握剑柄后随体转向左平摆，右手呈剑指举于体右侧，目视前方；

（3）右脚向前上步，脚尖内扣，身体左转，左手持剑上摆，右臂左摆；

（4）身体继续左转，重心后移，右脚蹬离地面即刻向后垫步，左脚向左后退步，前脚掌着地，两腿屈膝，左手持剑右摆并下落体前，右臂后摆，上体前俯，目视斜下方；

（5）上体平俯向左后拧转，重心移至左腿时蹬地，右腿向后上方摆起，左手持剑平摆体左侧，右臂随体转平摆；

（6）上体继续平俯向左拧转，右腿摆落，左腿蹬地后上摆，两腿伸直，脚面绷平，两臂自然摆动，目视前下方；

（7）右脚落地，左腿继续右摆，

套路练习

左手持剑下落，右臂后摆，目视前方；

（8）左脚向后落步，两腿略屈，身体左转，左手持剑经前向左平摆，右剑指平摆体侧，目视左前方；

（9）身体继续左转，左腿直立，右腿蹬直后前脚掌着地收至左脚斜后方，左手持剑直臂向左平摆，右剑指左摆并屈肘收至左肩前，目视左前方。

###  技术要点

蹬地撩腿，身体充分腾空，与剑协调配合。

图 4-2-8

 转身云剑

**动作方法** 见图 4-2-9

（1）身体右转，右脚向前上步，脚尖略外展，右剑指随体转向前平摆，左手持剑举于体侧，目视前方；

（2）左脚向前滑步，左手持剑经左向右上方摆起，手心向上，使剑尖经后向前摆出，右剑指摆至体后；

（3）左脚向前上步，脚尖内扣，前脚掌着地，身体继续右转，左手持剑臂外旋并以腕为轴使剑向前、向后在头部上方平圆绕行一周，右臂后摆，目视前方；

（4）身体继续右转，左腿独立支撑，右腿屈膝上抬，脚面绷平，左手持剑屈肘下落体前，手心向上，右臂前摆，右手心向下收至剑柄上方，目视左前方。

**技术要点**

头上做平圆运动，与剑协调配合。

图 4-2-9

## 仆步截剑

**动作方法** 见图 4-2-10

右脚向右落步，左腿屈膝全蹲呈右仆步，上体略右转，右手接握剑向前、向右截剑，手心向下，左手呈剑指直臂举于斜上方，目视剑尖方向。

**技术要点**

剑身在上下斜方向横挥与手臂呈一直线，力在剑身前段。

图 4-2-10

## 丁步点剑

**动作方法** 见图 4-2-11

（1）重心上起并右移，两腿屈膝，右手握剑臂内旋上抬，剑尖下落，左手剑指右摆收至右臂内侧，目视右前方；

（2）重心上起，右手握剑以腕为轴向下、向上在体左侧立圆绕行，左剑指动作不变；

（3）上体略右转，右手握剑继续以腕为轴经下向后、向上在体右侧立圆绕行并向左前下方点剑，左剑指上摆至头部左上方，同时上体左转，右腿屈膝半蹲，左脚向右脚内侧上步，脚尖点地呈丁步，目视剑尖方向。

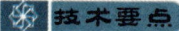 **技术要点**

点剑力达剑尖，动作协调连贯。

图 4-2-11

 **盘腿反撩剑**

**动作方法** 见图 4-2-12

（1）上体略右转，重心上起，左脚向左后方退步，右手握剑向上摆起，左剑指直臂下落斜下方，目视前方；

（2）右手握剑以腕为轴经后向下、向上在体后右侧立圆绕行一周后身体左转，然后左臂略屈肘下落体前，两腿略屈，左剑指下摆体左侧，目视前方；

（3）重心移至右腿，屈膝半蹲并独
立支撑，左腿屈膝小腿上摆，左脚踝
关节放至右大腿上方，右手握剑臂内
旋经下向右后上方反臂撩出，虎口向
下，左剑指略屈肘摆至头部上方，目
视右上方。

**技术要点**

动作舒展，掌心向上，力达剑
刃。

图4-2-12

▼ **插步穿剑**

**动作方法** 见图4-2-13

（1）重心上起，右脚蹬地后屈膝
上抬，左腿向左后摆起，右手握剑臂
外旋屈肘上抬，剑身摆收体前，剑尖
低于剑柄，左剑指下摆，目视前方；

（2）左脚落地，脚尖外展，左腿
屈膝下蹲，右脚向左脚后方落步，前
脚掌着地，上体向左拧转，右手握剑

经体前向左下方穿出，手心向上，左剑指下落并屈肘收至右臂内侧，手心向下，目视剑尖方向。

 **技术要点**

发力于腰，剑尖向下。

图 4-2-13

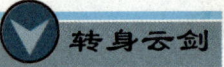 转身云剑

 **动作方法** 见图 4-2-14

（1）身体右转，左腿伸直，右脚向右前方上步，右手握剑经体前向右上方摆起，手心向上，左剑指随右臂上摆，目视前上方；

（2）以右脚前脚掌为轴，身体继续右转，左脚向右脚内侧靠拢，前脚掌着地，右手握剑以腕为轴随体转向前、向后在头部上方平圆绕行一周，左剑指下摆体后；

（3）身体继续右转，左腿直立并独立支撑，右腿屈膝上抬，小腿内扣，右手握剑随体转在头部上方向左平摆，左剑指平摆体左侧，目视左前方。

头上做平圆运动，与剑协调配合。

 **弓步背剑**

**动作方法** 见图 4-2-15

（1）左脚蹬地跳起后屈膝，小腿向右摆起，右脚下落，右手握剑经右下、向左上在体后方立圆绕行并屈肘收至背后，手心向外，剑身贴于背部，剑尖向左上方，左剑指经下右摆屈肘收至右肩前；

（2）右脚落地，屈膝半蹲，左脚向左落步，腿伸直呈右弓步，上体略右转，目视左剑指；

（3）两腿动作不变，左剑指向左前方直臂摆出，虎口向上，略高于肩，目视左前方。

**技术要点**

上体右转，转腰侧身，目视剑指。

图 4-2-15

## 第三节
### 第三段

国际武术比赛剑术套路的第三段，包括丁步架剑、上步撩剑等 13 种剑术技术动作。

**动作方法** 见图 4-3-1

（1）重心左移，两腿略屈，上体左转，右手握剑以剑柄领先，经下向左、向上摆起，剑尖低于剑柄，左剑指屈肘收至右臂内侧，指尖向上，目视左前方；

（2）重心右移，左脚蹬地后向右脚内侧靠拢，脚尖点地，两腿屈膝半蹲呈丁步，上体略右转，右手握剑继续以剑柄领先右向上摆起，平架头部上方，剑刃向上下，左剑指置于右肩前，目视左前方。

**技术要点**

肩关节放松，剑尖向前，目视前方。

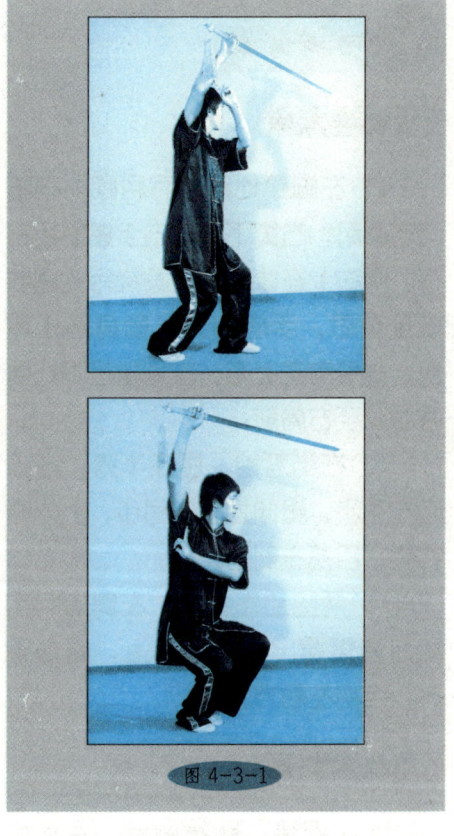

图 4-3-1

## 上步撩剑

### 动作方法 见图4-3-2

（1）重心上起，左脚向左前方上步，右手握剑架于头部上方，左剑指经体前下摆，目视左前方；

（2）身体略左转，重心前移；右脚向前上步，右手握剑经上后摆，左剑指向前、向上摆起，目视斜上方；

（3）身体左转，右腿直立，左脚向右脚后方退步，前脚掌着地，右手握剑经后向下、向前上方撩出，臂外旋，剑刃向上下，左剑指经上摆至体左后方，两臂伸直，目视剑尖方向。

### 技术要点

动作舒展，掌心向上，力达剑刃。

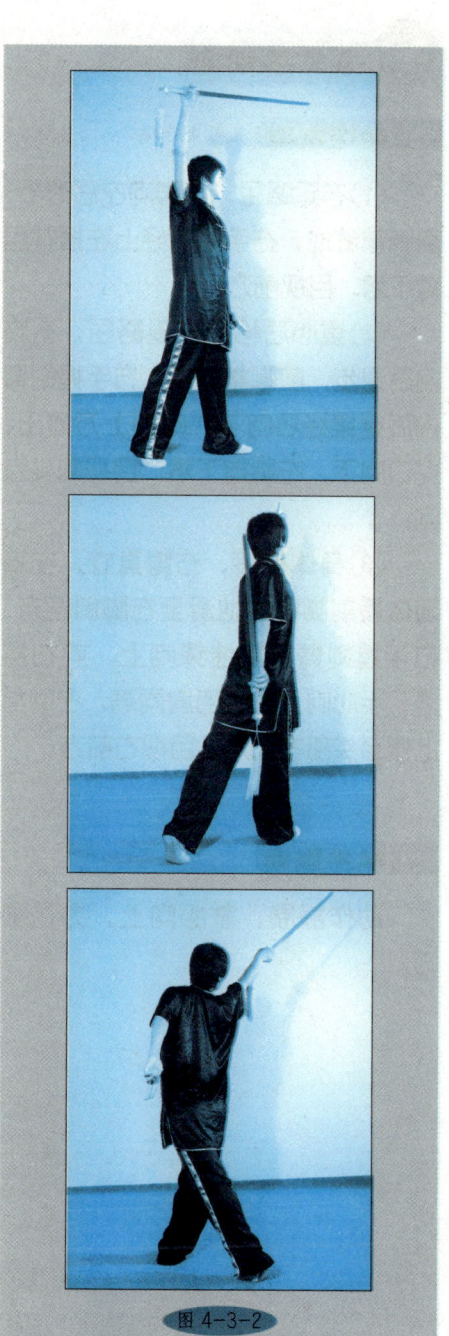

图4-3-2

## 退步反撩剑

### 动作方法 见图4-3-3

(1)右腿略屈，右脚向左后退步，前脚掌着地，右手握剑经上左摆并屈臂下落，目视前方；

(2)重心后移，左腿略屈，右脚向后退步，前脚掌着地；右手握剑臂内旋继续经后向下、向前上方撩出，虎口向下，左剑指下落，目视剑尖方向；

(3)身体右转，右腿直立，左脚随体转前脚掌着地滑至右脚斜后方，右手握剑臂外旋继续向上、向右摆落，手心向上，剑与肩同高，左剑指上摆至头部左上方，目视右前方。

### 技术要点

动作舒展，掌心向上，力达剑刃。

图4-3-3

**弧形步里合拍脚**

**动作方法** 见图4-3-4

（1）重心下落，右脚向斜前方上步，脚尖外展，右腿前蹬，右手握剑举于体右侧，左剑指屈肘下落右肩前，目视左前方；

（2）右脚向左脚斜前方上步，脚尖内扣，左脚向左前方上步，脚尖外展，两腿略屈，右臂动作不变，左剑指向前、向左平摆，目视左剑指；

（3）右脚继续向左脚斜前方上步，脚尖内扣，左脚向左前方上步，脚尖外展，两腿略屈，右臂动作不变，左剑指继续向左平摆；

（4）右脚继续向左脚斜前方上步，脚尖内扣，身体左转并向左略倾斜，左脚向左前方上步，脚尖外展，两腿略屈，右臂动作不变，左剑指继续向左平摆；

（5）身体继续左转，左腿直立并独立支撑，右腿经右向左上直腿摆腿，脚尖内扣，在头部左上方在掌心拍击右脚掌，右手握剑举于体侧，目视左手。

第三段

图4-3-4

 **技术要点**

弧形步重心压低，脚形内扣，击响脚高于肩。

**扣腿截剑**

 **动作方法** 见图 4-3-5

（1）以左脚前脚掌为轴，身体继续左转 180 度，右脚随即向前落步，脚尖内扣，左剑指继续平摆，右手握剑动作不变，目视前方；

（2）上体左转，右手握剑经右向前摆起，手心向下，左剑指左摆下落，目视前方；

（3）重心右移，身体左转，右腿略屈并独立支撑，左腿屈膝上抬，左脚贴靠右膝后部，右手握剑经右向前摆出，左剑指上摆右臂内侧，指尖向上；

（4）上体继续左转，右手握剑经前向左、向右在头部上方平圆绕行一周后臂外旋，向前上方截剑，手心向上，左剑指摆至斜后方，上体后仰，目视剑尖方向。

 **技术要点**

动作连贯，舒展大方，目视斜后方。

套路练习

图 4-3-5

 **弓步刺剑**

**动作方法** 见图 4-3-6

(1)右腿屈膝下蹲，左脚向前落步，脚尖内扣，右手握剑向下屈肘收至右腰侧，手心向上，剑刃向左右，左剑指经前向右摆落，屈肘收至剑柄上方，手心向下，上体略右转，目视前方；

(2)身体左转，左腿屈膝，右腿伸直呈左弓步，右手握剑随体转向右前方刺出，手心向上，左剑指经体前上摆头部左上方，肘略屈，目视右前方。

**技术要点**

刺剑与弓步同时完成，力达剑尖。

图 4-3-6

**退步绞剑**

**动作方法** 见图4-3-7

（1）重心上起，左腿独立支撑，右腿屈膝，小腿向后抬起，脚面绷平；右手握剑以腕为轴向左、向下逆时针立圆绕行，目视剑尖；

（2）上体略右转，左腿屈膝下蹲，右脚向后落步，前脚掌着地，两腿屈膝呈交叉状，右手握剑继续以腕为轴向右、向上逆时针立圆绕行，左剑指举于左斜上方，目视剑尖；

（3）重心上起并后移，左脚向左后方退步，前脚掌着地，右手握剑继续以腕为轴经左向下、向上逆时针立圆绕行一周，左剑指自然下落，目视剑尖。

**技术要点**

上肢与下肢协调配合，动作轻盈、灵活。

图4-3-7

## 转身剪腕花

### 动作方法 见图 4-3-8

（1）重心后移，右脚向右后方退步，前脚掌着地，两腿略屈，右手握剑向上、向后摆动，左剑指屈肘前摆，目视前方；

（2）身体右转 180 度，右脚跟着地，脚尖略内扣，右手握剑随体转经左向下、向上立圆摆起，左剑指下摆体后，目视前方；

（3）身体略右转，右手握剑继续以腕为轴，经前向下、向上在体后右侧立圆绕行一周，目视前方；

（4）上体向右拧转，右腿屈膝，左腿伸直，右手握剑，臂内旋，向下、向后上方摆出，虎口向下，左剑指向下、向斜上方摆起，目视后方。

### 技术要点

转身迅速，腕关节灵活，整体配合默契，眼随手动。

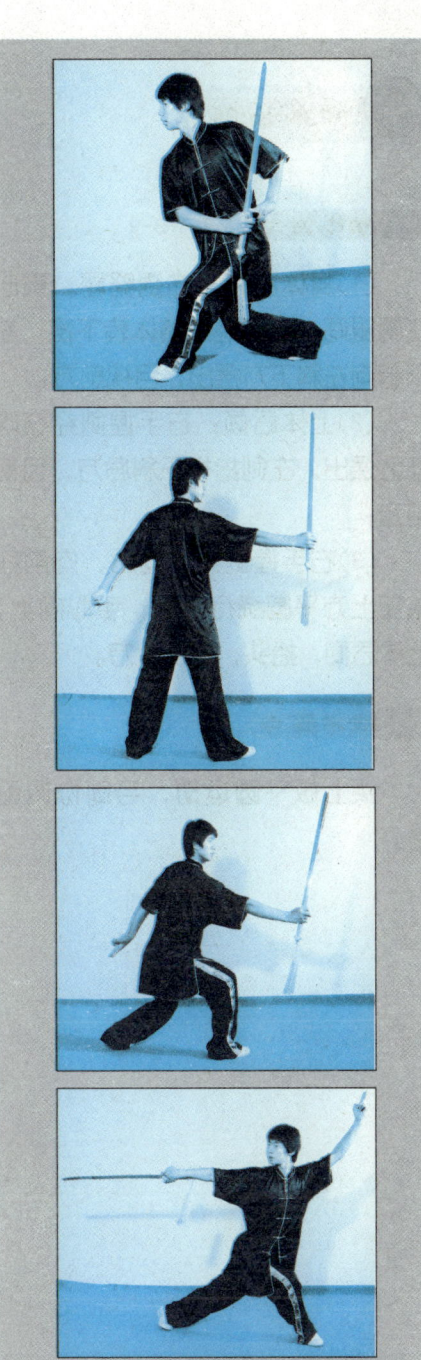

图 4-3-8

仰身云剑

**动作方法** 见图4-3-9

（1）身体左转，右腿略屈，重心在两腿间，右手握剑随体转下摆，左剑指向左斜下方摆出，目视前方；

（2）上体后倾；右手握剑经右向前上摆出，左剑指举于斜后方，目视前方；

（3）右手握剑经左向后、向前在头部上方平圆绕行一周，手心向上，上体后仰，抬头，目视上方。

**技术要点**

头上做平圆运动，与剑协调配合。

套路练习

图4-3-9

 转身云剑

**动作方法** 见图4-3-10

（1）上体抬起，身体略右转，左脚尖略内扣，右脚略内收，脚尖外展，右手握剑屈肘带至体前，左剑指摆至体左侧；

（2）以右脚前脚掌为轴身体右转，左脚向右脚前并步，前脚掌着地，脚尖内扣，右手摆剑随体转以腕为轴经前向后、向左在头部上方平圆绕行一周，左剑指向右平摆至右肩前，指尖向上，目视左前方；

（3）两腿伸直，两脚前脚掌为轴，身体继续右转，右手握剑向前上方摆出，手心向下，目视前上方。

**技术要点**

头上做平圆运动，与剑协调配合。

图4-3-10

第三段

## 仆步穿剑

### 动作方法 见图 4-3-11

（1）右腿屈膝，左脚向左斜后方退步，前脚掌着地，右手握剑向下、向后抡摆，然后，手腕略扣使剑尖上摆，左剑指向前上方伸出，目视前上方；

（2）左腿伸直并独立支撑，右腿屈膝上抬，小腿内扣，脚面绷平，右手握剑向前上摆起，臂伸直，左剑指下摆屈肘收至左腰侧，手心向上，目视前上方；

（3）左腿屈膝下蹲，右脚向右后方落步，腿伸直，身体右转呈右仆步，落步前右手握剑扣腕使剑尖下落并回收，虎口向下，沿身体右侧和右腿内侧向右前下方穿出，同时臂外旋，虎口向上，左剑指经面前向前上方伸出，随体转直臂举于左上方，目视剑尖方向。

### 技术要点

穿剑技术连贯，顺畅，身体前探。

图 4-3-11

退步点剑

动作方法 见图 4-3-12

（1）左腿蹬直，重心右移，右腿先屈膝，然后右腿伸直，左脚再向右脚内侧靠拢不着地，同时身体右转，右手握剑随重心移动继续向前穿出并上举头部上方，左剑指上摆，目视前方；

（2）身体继续右转，左脚向后落步，同时右手握剑臂外旋向上、向前摆动，左剑指向左摆出，目视前方；

（3）重心移至左腿并独立支撑，右腿屈膝上抬，小腿内扣，右脚靠近左腿内侧右手握剑以腕为轴经下向后、向前在体后侧立圆绕行一周，左剑指屈肘下落，目视前方；

（4）左腿略屈，右脚向斜后方落步，右手握剑向前、向下点剑，剑尖低于剑柄，左剑指前摆屈肘收至右臂

内侧，指尖向上，目视剑尖方向。

### ✦ 技术要点

肩关节放松，沉腕，力达剑尖。

套路练习

图 4-3-12

## ▼ 提膝带剑

### ✦ 动作方法 见图 4-3-13

重心后移，左腿蹬地后屈膝上抬，小腿内扣，脚面绷平，右腿直立并独立支撑，上体略右转，右手握剑臂内旋，向右上方带起，剑尖斜向下，左剑指向左下方伸出，虎口向上，臂伸直，目视左剑指。

### ✦ 技术要点

剑尖向下，提膝腿高出髋关节，目视前方。

图 4-3-13

## 第四节

### 第四段

　　国际武术比赛剑术套路的第四段，是高潮叠起的段落，包括左右抹剑、击步点剑、垫步反撩剑等 12 种剑术技术动作。

 **左右抹剑**

**动作方法** 见图 4-4-1

　　（1）上体右转，右腿屈膝下蹲、左脚向后落步，前脚掌着地，右手握剑向上摆起，左剑指右摆屈肘收至右臂内侧，目视前方；

　　（2）上体左转，重心移至两腿间并略屈，右手握剑臂外旋经右向前平摆，手心向上，左剑指向左右摆出，目视前方；

（3）两腿动作不变，上体继续左转，右手握剑随之向左平摆，手心向上，左剑指屈肘收至右腕内侧，手心向下，目视剑尖方向；

（4）身体右转略前俯，左腿伸直并独立支撑，右腿屈膝上抬，小腿内扣，脚面绷平，右手握剑随体转臂内旋，手心向下并向前、向右后弧形平摆，左剑指后摆，目视前方。

### 技术要点

动作圆润，顺畅，一气呵成。

图 4-4-1

### 上步刺剑

**动作方法** 见图 4-4-2

右脚向前落步，腿略屈，同时，右手握剑经腰右侧向前直臂刺出，虎口向上，右剑指前摆屈肘收至右臂内侧，目视前方。

图 4-4-2

套路练习

**技术要点**

上下肢同时完成，一气呵成。

## 转身剪腕花

**动作方法** 见图 4-4-3

（1）右手握剑以腕为轴经上向后、向前上在体右侧立圆绕行，左剑指后摆，目视前方；

（2）重心移至右腿，右脚前脚掌为轴，身体右后转，边转身在左脚边上步落于右脚内侧，前脚掌着地，两腿伸直，右手握剑向左、向下随转体向上摆起，左剑指摆至体前；

（3）身体继续右后转，左腿略屈，右脚向前上步，脚尖外展，右手握剑以腕为轴向下、向上在体右侧立圆绕行一周后下落体前，虎口向上，左剑指摆至体后，目视前方。

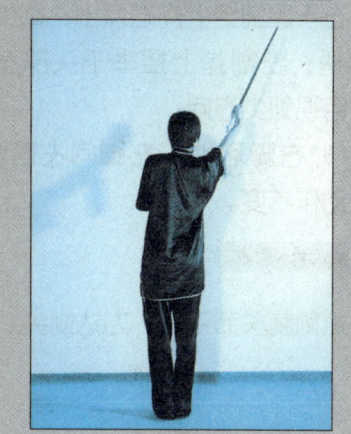

**技术要点**

转身迅速，腕关节灵活，整体配合默契，眼随手动。

图 4-4-3

 击步点剑

**动作方法** 见图 4-4-4

（1）身体继续右转，左脚向左上步，脚尖略内扣，两腿略屈，右手握剑继续向下、向右并随转体向上立圆摆起，左剑指经下向左摆起，目视左前方；

（2）左脚蹬地跳起，右脚左摆并在空中击碰左脚，两腿伸直，脚面绷平，右手握剑经上向右点出，剑尖低于剑柄，左剑指上摆举于头部左上方，目视剑尖方向；

（3）右脚落地，左脚向左落步；两臂动作不变。

**技术要点**

点剑腕关节下垂，力达剑尖。

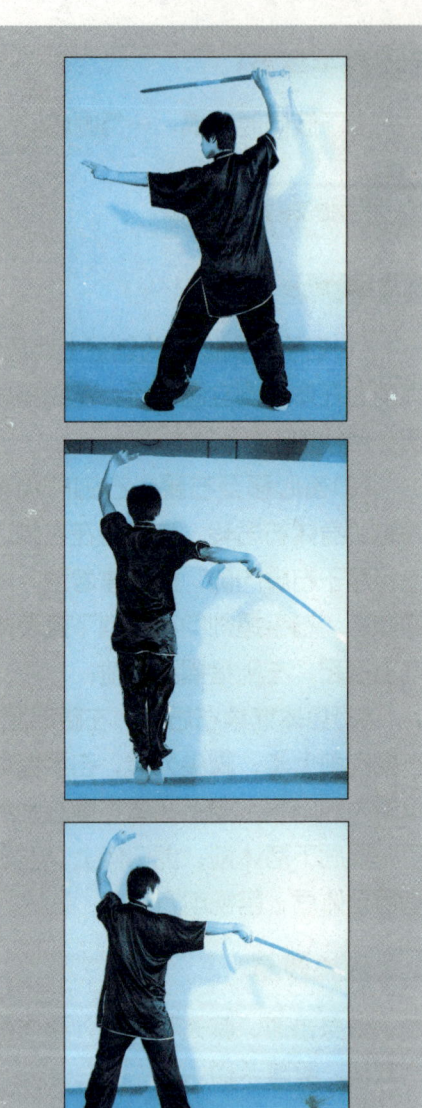

图 4-4-4

## 垫步反撩剑

**动作方法** 见图 4-4-5

（1）身体右转，右脚随转体向前上步，脚尖略外展，右手握剑以腕为轴向下、向上立圆绕行一周并下落体左侧，左剑指下摆屈肘收至体前，目视前方；

（2）重心移至右腿，右脚蹬地跳起，左腿屈膝上抬，小腿内扣、脚面绷平，同时右手握剑臂内旋，向下、向前反臂撩出，虎口向下，左剑指后摆，目视前方。

**技术要点**

动作舒展，肩关节放松，掌心向上，剑刃朝外。

图 4-4-5

## 弓步刺剑

**动作方法** 见图 4-4-6

（1）右脚向前落步，左脚向右脚前方落步，脚尖外展，两腿略屈，左剑指下落；

（2）左脚蹬地跳起后向前落步，右腿屈膝上抬，小腿内扣，右手握剑以腕为轴经下向后、向前在体左侧立圆绕行一周后屈肘收至胸前，左剑指

向前摆至剑柄内侧，目视前方；

（3）重心前移，右脚向前落步，同时右脚向后退半步，右腿屈膝半蹲，左腿伸直呈右弓步，右手握剑臂内旋向前刺出，虎口向上，左剑指向后直臂伸出，目视前方。

套路练习

### 技术要点

刺剑与弓步同时完成，力达剑尖。

图4-4-6

## 仆步崩剑

### 动作方法 见图4-4-7

身体重心后移，右腿伸直，左腿屈膝全蹲呈右仆步，右手握剑下落并向下沉腕使剑尖向上摆起，剑柄靠近右腿，左剑指前摆屈肘收至右臂内侧，目视前方。

图4-4-7

### 技术要点

腕关节下沉，剑刃向外侧，目视前方。

**插步平斩剑**

**动作方法** 见图 4-4-8

（1）重心上起并左移，左移略屈，身体左转，右手握剑随体转，经上向前摆落，左剑指后摆，目视前方；

（2）右腿屈膝下蹲，左脚向右脚后方退步，前脚掌着地，腿伸直，右手握剑经前向右、向后摆出，手心向下，左剑指向上摆至头部左上方，上抬向右拧转，目视右后方。

**技术要点**

斩剑发力于腰，剑刃朝外，目视右侧。

图 4-4-8

 **转身云接剑**

**动作方法** 见图 4-4-9

（1）重心上起，左脚向左前方上步，脚尖外展，身体略左转，右手握剑向右、向上摆起，左剑指下落，目视前方；

（2）身体继续左转，右脚向左脚

内侧靠拢，前脚掌着地，两腿伸直，右手握剑以腕为轴随转体向前、向后在头部上方平圆绕行一周，左剑指上摆接握剑柄；

（3）身体继续左转，右脚向右后方退步，前脚掌着地，两腿略屈，左手接握剑柄后继续向左平摆；目视前方；

（4）重心后移，右腿直立，左脚向右脚内侧收回，左手持剑下落，剑尖向上，右手呈剑指经下向后上方摆起，手心向上，目视右剑指。

### 技术要点

接剑迅速，头上做平圆运动，与剑协调配合。

图4-4-9

套路练习

## 虚步持剑

**动作方法** 见图4-4-10

右腿屈膝半蹲，左脚向左前方落步，脚尖点地呈虚步，左手持剑屈肘臂内旋收至身体左前方，剑身竖直，右剑指略屈肘，经前下落指左腕内侧，指尖向上，目视斜前方。

**技术要点**

持剑手臂沉肩，挺胸、塌腰、沉髋，重心落于后腿。

图4-4-10

## 丁字步提剑

**动作方法** 见图4-4-11

（1）重心上起，左脚向斜前方上步，脚尖略内扣，两腿略屈，左手持剑前摆，右剑指后摆屈肘收至右腰侧，手心向上，目视右前方。

（2）左腿直立，右脚向左脚内侧贴靠呈丁字步，左手持剑屈肘摆至左腰侧，手心向内，剑尖斜向下，右剑指向右上摆起后臂内旋抖腕摆至斜上方、目视斜前方。

**技术要点**

贴靠丁字步要迅速，动作规范，目视前方。

## 收势

**动作方法** 见图4-4-12

（1）右脚向右侧横跨一步，脚尖向前，左手持剑和右剑指同时下落体两侧，目视前方。

（2）重心右移，左脚向右脚内侧并拢，两腿直立，左手持剑下垂于体左侧，右剑指成掌贴靠右腿外侧，挺胸，收腹，目视前方。

**技术要点**

体态安详，周身放松，目视前方。

图 4-4-11

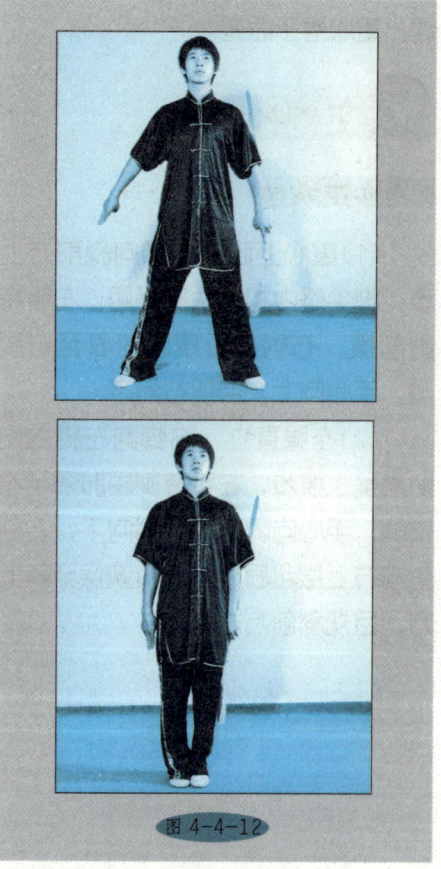

图 4-4-12

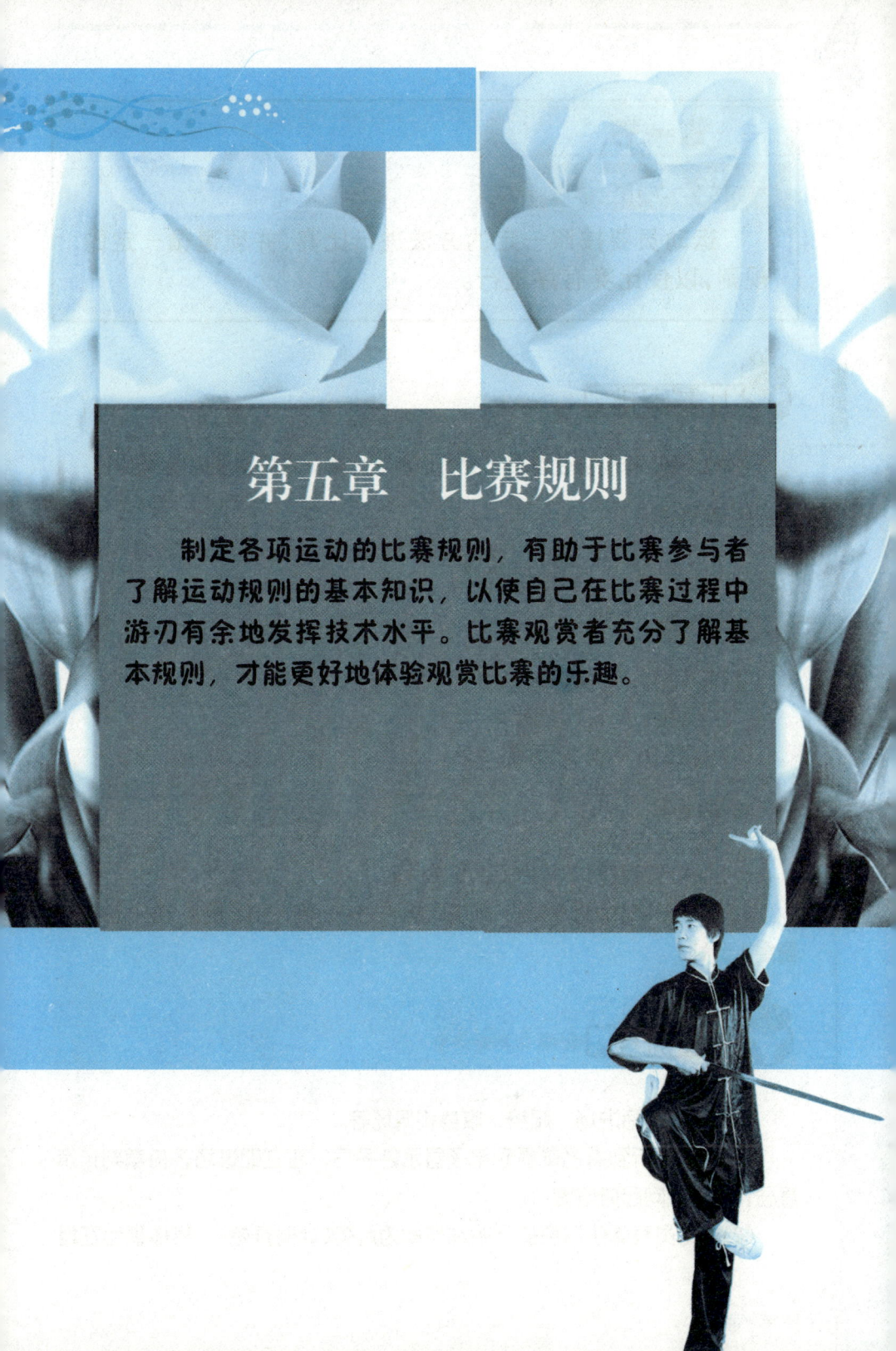

# 第五章　比赛规则

　　制定各项运动的比赛规则，有助于比赛参与者了解运动规则的基本知识，以使自己在比赛过程中游刃有余地发挥技术水平。比赛观赏者充分了解基本规则，才能更好地体验观赏比赛的乐趣。

**第一节**

## 比赛方法

　　运动员要按照一定的方法进行比赛，并须遵循一定的规则，以使比赛有序进行。

### 比赛安排

了解比赛安排能够使参赛者更好地参加比赛，更好地发挥技术水平。

#### 比赛类型

剑术比赛包括个人赛和团体赛。

#### 年龄组别

(1)成年组：18 周岁以上（含 18 周岁）；

(2)少年组：12~17 周岁；

(3)儿童组：不满 12 周岁。

#### 套路时间

(1)剑术自选套路不得少于 1 分 20 秒；

(2)如果分年龄组比赛时，则成年组 1 分 20 秒，少年组 1 分 10 秒，儿童组 1 分钟。

### 比赛流程

比赛流程包括进场、起势、收势和退场等。

(1)运动员听到点名或看到电子显示姓名后，应立即进场，待裁判长示意后，即可走向起势位置；

(2)运动员身体任何部位开始动作即为起势（计时开始），集体项目在行进间开始动作者，须事先向裁判申明；

（3）运动员完成整套动作后，须并步收势（计时结束），再转裁判长行注目礼，然后退场；

（4）运动员应在同侧场内完成相同方向（左右不得超过90度）的起势与收势，集体项目必须在场内完成起势与收势，方向、位置不限；

（5）运动员听到上场比赛的点名和赛后示分时，应向裁判长行抱拳礼。

## 第二节

### 裁判方法

在比赛过程中，裁判人员通过履行职责，进行正确的裁判工作，来保证比赛的公平、公正。

裁判人员包括裁判长和裁判员。其中，裁判员包括3～5名评判动作规格的裁判员和3～5名评判演练水平的裁判员。

比赛满分为10分，其中动作规格分值为6.8分，演练水平分值3分，创新难度分值为0.2分。

**动作规格分**

动作规格分满分为6.8分。裁判员根据运动员现场发挥的技术水平，按

照动作规格要求，减去该动作规格中出现的错误扣分和其他错误的扣分，即为运动员的动作规格分。

1. 动作规格扣分

（1）凡手形、步形、身形、手法、步法、身法、腿法、跳跃、平衡和器械的方法与规格要求轻微不符者，每出现一次扣 0.05 分，与要求显著不符者，每出现一次扣 0.1 分，与要求严重不符者，每出现一次扣 0.2 分，一个动作出现多种错误时，最多扣分不得超过 0.2 分，出现三次以上扣 0.5 分；

（2）同一手形每出现一次轻微错误扣 0.05 分，出现两次扣 0.1 分，出现三次以上扣 0.2 分，同一步形、步法、器械方法出现一次轻微错误扣 0.05 分，出现两次扣 0.1 分，出现三次以上扣 0.3 分，出现一次显著错误扣 0.1 分，两次扣 0.2 分，出现三次以上扣 0.5 分；

（3）凡手法、步法、器械方法中有动作不清的轻微错误，出现一次扣 0.05 分，出现两次扣分 0.1 分，出现三次以上扣 0.3 分，出现一次显著错误扣 0.1 分，出现两次扣 0.2 分，出现三次以上扣 0.5 分。

2. 其他错误扣分

下列错误每出现一次，根据不同程度，予以扣分：

（1）遗忘，扣 0.1～0.2 分；

（2）器械、服装影响动作，扣 0.1～0.2 分；

（3）器械变形，扣 0.1～0.3 分；

（4）器械折断，扣 0.4 分；

（5）器械掉地，扣 0.5 分；

（6）失去平衡，晃动、移动、跳动扣 0.1 分；附加支撑扣 0.3 分，倒地扣 0.5 分；

（7）规定套路的动作路线、方向错误，扣 0.1 分。

### 演练水平分

演练水平分满分为 3 分。裁判员根据运动员现场表现的整套演练水平，按照剑术在功力、演练技巧和编排等方面的标准，整体比较，确定扣分，从该类分值中减去应扣分数，即为运动员的演练水平分。

（1）劲力水平分值为 1 分（劲力、协调各占 0.5 分）

凡劲力充足，用力顺达，力点准确，手、眼、身、法、步配合协调，身体和器械协调，动作干净利落者，不予扣分；凡劲力或协调与要求轻微不符者，扣0.05～0.1分；凡与要求显著不符者，扣0.15～0.3分；凡与要求严重不符者，扣0.35～0.5分。

（2）演练技巧分值为1.5分（精神、节奏、风格各占0.5分）

凡精神饱满，节奏分明，风格突出者，不予扣分；凡精神、节奏、风格的任何一面与要求轻微不符者，扣0.05～0.3分；凡与要求严重不符者，扣0.35～0.5分。

（3）编排（内容、结构、布局）分值为0.5分

凡符合内容充实、结构合理、变化多样、布局匀称的要求的，不予扣分；凡与要求轻微不符者，扣0.05～0.3分；凡与要求严重不符者，扣0.35～0.5分。

## 裁判员的示分

裁判员所示分数可到小数点后两位数，小数点后第二位数必须是0或5。

## 应得分数

动作规格分与演练水平分数之和即为运动员的应得分数。动作规格分与演练水平分的确定方法为：

（1）3个裁判员评分时，取3个分数的平均值为运动员的应得分；

（2）4～5个裁判员评分时，去掉最高分和最低分，取中间2个或3个分数的平均值为运动员的应得分；

（3）运动员的应得分数只取到小数点后两位数，小数点后第三位不作四舍五入。

## 裁判长扣分

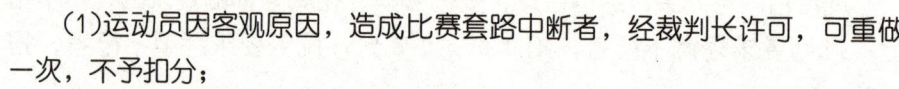

### 起势、收势

（1）起势与收势方向不符要求者，扣0.1分；

（2）起势与收势有意拖延时间，一个动作达8秒者，扣0.1分，达10秒者，扣0.2分，达12秒者，扣0.3分。

### 重做

（1）运动员因客观原因，造成比赛套路中断者，经裁判长许可，可重做一次，不予扣分；

（2）运动员动作遗忘、失误等原因造成比赛套路中断者，可重做一次，扣1分；

（3）运动员临场受伤不能继续比赛者，裁判长有权令其中止，经过简单治疗即可继续比赛的，可安排在该组最后一名继续上场，按重做处理，扣1分。

### 出界

身体的某一部位接触线外地面，扣0.1分；整个身体出界，扣0.2分。

### 平衡时间不足

凡指定的持久平衡动作的静止时间不足1秒者，扣0.2分；不足2秒者，扣0.1分。

### 不足或超出规定时间

（1）如果没有在规定时间内完成套路，不足或超出规定时间在2秒内者（含2秒），扣0.1分，在2秒以上至4秒以内者（含4秒），扣0.2分，依次类推；

（2）集体项目不足或超出规定时间在5秒内者（含5秒），扣0.1分，在5秒以上至10秒以内者（含10秒），扣0.2分，依次类推。

比赛规则

## 服装不符合规定

在比赛中，发现运动员服装违反规定，则取消其该项成绩。

## 动作组别不够

任何自选套路，动作组别少于规定的要求时，每少一个手形、步形、腿法、跳跃、平衡动作和规定的一种方法，扣0.3分。步形和平衡动作，均以定势为准，过渡的或一晃而过的都不算规定的步形和平衡。

## 规定套路的动作缺少或增加

（1）漏做或增加一个完整的动作，扣0.2分；

（2）跳跃动作的助跑步数或行进动作的步数缺少或增加，每出现一次，扣0.1分。

## 指定动作的扣分

（1）如未选择一组"指定动作"，除扣去该组指定动作的难度分值外，还应按漏做动作扣分，每漏做一个动作扣0.3分；

（2）附加或漏做一个或几个动作时，按动作附加或漏做动作扣分，每附加或漏做一个动作扣0.3分；

（3）改变动作可视为附加或漏做；

（4）每改变一次规定要求的方向，扣0.3分。如果由于方向改变出现附加或漏做，则应按附加或漏做扣分；

（5）重做指定动作的部分或全部，对动作中错误的扣分，以第一次完成的动作为准；

（6）因自选套路指定动作位置确定表填报错误，将在该项最后得分中扣0.3分。

## 裁判长对评分的调整

（1）当评分出现明显不合理现象时，在出示运动员最后得分前，裁判长

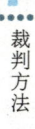

须报告总裁判长，经总裁判组同意，可召集场上裁判员协商或同个别有关裁判协商，改变分数；

（2）当有效分数（除去最高与最低）之间出现不允许的差数时，在出示运动员的最后得分前，裁判长可召集场上裁判员协商或同个别有关裁判协助协商，改变分数。

裁判长从运动员的应得分中减去"裁判长的扣分"再加上"创新难度动作"加分，即为运动员的最后得分。